近代政治史系列

鸦片战争史话

A Brief History of the Opium War

朱谐汉 / 著

社会科学文献出版社
SOCIAL SCIENCES ACADEMIC PRESS (CHINA)

图书在版编目（CIP）数据

鸦片战争史话/朱谐汉著. —北京：社会科学文献
出版社，2011.12
（中国史话）
ISBN 978-7-5097-0935-1

Ⅰ.①鸦… Ⅱ.①朱… Ⅲ.①鸦片战争（1840~
1842）-史料 Ⅳ.①K253.06

中国版本图书馆 CIP 数据核字（2011）第 180909 号

"十二五"国家重点出版规划项目

中国史话·近代政治史系列

鸦片战争史话

著　　者／朱谐汉

出 版 人／谢寿光
出 版 者／社会科学文献出版社
地　　址／北京市西城区北三环中路甲 29 号院 3 号楼华龙大厦
邮政编码／100029

责任部门／人文科学图书事业部 （010）59367215
电子信箱／renwen@ssap.cn
责任编辑／宋荣欣　孔　军
责任校对／韩海超
责任印制／岳　阳
总 经 销／社会科学文献出版社发行部
　　　　　（010）59367081　59367089
读者服务／读者服务中心（010）59367028

印　　装／北京画中画印刷有限公司
开　　本／889mm×1194mm　1/32　印张／5.25
版　　次／2011 年 12 月第 1 版　字数／102 千字
印　　次／2011 年 12 月第 1 次印刷
书　　号／ISBN 978-7-5097-0935-1
定　　价／15.00 元

总　序

　　中国是一个有着悠久文化历史的古老国度，从传说中的三皇五帝到中华人民共和国的建立，生活在这片土地上的人们从来都没有停止过探寻、创造的脚步。长沙马王堆出土的轻若烟雾、薄如蝉翼的素纱衣向世人昭示着古人在丝绸纺织、制作方面所达到的高度；敦煌莫高窟近五百个洞窟中的两千多尊彩塑雕像和大量的彩绘壁画又向世人显示了古人在雕塑和绘画方面所取得的成绩；还有青铜器、唐三彩、园林建筑、宫殿建筑，以及书法、诗歌、茶道、中医等物质与非物质文化遗产，它们无不向世人展示了中华五千年文化的灿烂与辉煌，展示了中国这一古老国度的魅力与绚烂。这是一份宝贵的遗产，值得我们每一位炎黄子孙珍视。

　　历史不会永远眷顾任何一个民族或一个国家，当世界进入近代之时，曾经一千多年雄踞世界发展高峰的古老中国，从巅峰跌落。1840年鸦片战争的炮声打破了清帝国"天朝上国"的迷梦，从此中国沦为被列强宰割的羔羊。一个个不平等条约的签订，不仅使中国大量的白银外流，更使中国的领土一步步被列强侵占，国库亏空，民不聊生。东方古国曾经拥有的辉煌，也随着西方列强坚船利炮的轰击而烟消云散，中国一步步堕入了半殖民地的深渊。不甘屈服的中国人民也由此开始了救国救民、富国图强的抗争之路。从洋务运动到维新变法，从太平天国到辛亥革命，从五四运动到中国共产党领导的新民主主义革命，中国人民屡败屡战，终于认识到了"只有社会主义才能救中国，只有社会主义才能发展中国"这一道理。中国共产党领导中国人民推倒三座大山，建立了新中国，从此饱受屈辱与蹂躏的中国人民站起来了。古老的中国焕发出新的生机与活力，摆脱了任人宰割与欺侮的历史，屹立于世界民族之林。每一位中华儿女应当了解中华民族数千年的文明史，也应当牢记鸦片战争以来一百多年民族屈辱的历史。

当我们步入全球化大潮的 21 世纪，信息技术革命迅猛发展，地区之间的交流壁垒被互联网之类的新兴交流工具所打破，世界的多元性展示在世人面前。世界上任何一个区域都不可避免地存在着两种以上文化的交汇与碰撞，但不可否认的是，近些年来，随着市场经济的大潮，西方文化扑面而来，有些人唯西方为时尚，把民族的传统丢在一边。大批年轻人甚至比西方人还热衷于圣诞节、情人节与洋快餐，对我国各民族的重大节日以及中国历史的基本知识却茫然无知，这是中华民族实现复兴大业中的重大忧患。

中国之所以为中国，中华民族之所以历数千年而不分离，根基就在于五千年来一脉相传的中华文明。如果丢弃了千百年来一脉相承的文化，任凭外来文化随意浸染，很难设想13亿中国人到哪里去寻找民族向心力和凝聚力。在推进社会主义现代化、实现民族复兴的伟大事业中，大力弘扬优秀的中华民族文化和民族精神，弘扬中华文化的爱国主义传统和民族自尊意识，在建设中国特色社会主义的进程中，构建具有中国特色的文化价值体系，光大中华民族的优秀传统文化是一件任重而道远的事业。

当前，我国进入了经济体制深刻变革、社会结构深刻变动、利益格局深刻调整、思想观念深刻变化的新的历史时期。面对新的历史任务和来自各方的新挑战，全党和全国人民都需要学习和把握社会主义核心价值体系，进一步形成全社会共同的理想信念和道德规范，打牢全党全国各族人民团结奋斗的思想道德基础，形成全民族奋发向上的精神力量，这是我们建设社会主义和谐社会的思想保证。中国社会科学院作为国家社会科学研究的机构，有责任为此作出贡献。我们在编写出版《中华文明史话》与《百年中国史话》的基础上，组织院内外各研究领域的专家，融合近年来的最新研究，编辑出版大型历史知识系列丛书——《中国史话》，其目的就在于为广大人民群众尤其是青少年提供一套较为完整、准确地介绍中国历史和传统文化的普及类系列丛书，从而使生活在信息时代的人们尤其是青少年能够了解自己祖先的历史，在东西南北文化的交流中由知己到知彼，善于取人之长补己之短，在中国与世界各国愈来愈深的文化交融中，保持自己的本色与特色，将中华民族自强不息、厚德载物的精神永远发扬下去。

《中国史话》系列丛书首批计 200 种，每种 10 万字左右，主要从政治、经济、文化、军事、哲学、艺术、科技、饮食、服饰、交通、建筑等各个方面介绍了从古至今数千年来中华文明发展和变迁的历史。这些历史不仅展现了中华五千年文化的辉煌，展现了先民的智慧与创造精神，而且展现了中国人民的不屈与抗争精神。我们衷心地希望这套普及历史知识的丛书对广大人民群众进一步了解中华民族的优秀文化传统，增强民族自尊心和自豪感发挥应有的作用，鼓舞广大人民群众特别是新一代的劳动者和建设者在建设中国特色社会主义的道路上不断阔步前进，为我们祖国美好的未来贡献更大的力量。

陈奎元

2011 年 4 月

⊙朱谐汉

作者小传

  朱谐汉,历史学博士,国家行政学院教授。分别于1984 年、1987 年毕业于江西师范大学,获历史学学士、硕士学位。1995 年 6 月,毕业于中国社会科学院研究生院近代史系,获历史学博士学位。曾留江西师范大学任教五年,1995 年 7 月后,先在北京高校工作,2002 年 7 月,调入国家行政学院,主要从事中国近现代史和中共党史的教学与研究。当前主要研究领域是中国近现代史、中共党史及领导学。发表专业文章二十余篇,在上海人民、江西人民等出版社出版专(译)著多部。

目　录

一　处于双重危机中的中国

　　19世纪30年代的中国处于双重危机之中，一是以英国为首的西方资本主义国家已基本确定对华采取殖民侵略政策；二是国内社会矛盾、阶级矛盾尖锐，清朝末世特征毕露，中国历史又一次陷入王朝衰乱的低谷。

 ## 西方列强觊觎中国

　　19世纪初，世界资本主义经过长期侵略发展后，进入迅速上升时期。英国是当时头号资本主义强国，拥有最强的综合国力。在18世纪末叶，由技术革命而引发的工业革命，促进了英国经济的高速发展，新式动力机——蒸汽机装备于纺织工厂，随后又被广泛运用到其他工业生产部门，大大促进了社会生产率的提高和生产力水平的飙升。进入19世纪，英国的煤铁产量均跃居世界前列，1795年英国的煤产量仅为100万吨，到1836年提高到了3000万吨；生铁，1796年的产量仅为12.5万吨，到1840年猛增至139

万吨。机器更广泛的运用，推动了各产业部门的革命性变革。以棉纺业为例，机器生产大大增强了英国棉纺工业对棉花的吸引和加工能力，1771 年至 1775 年英国所能加工的棉花仅 500 万磅，1841 年，在机器生产全面取代水力生产、手工劳动后，英国加工的棉花达到 52800 万磅，轻纺工业的发展又反过来推动了重工业的升级和进步。19 世纪 30 年代，英国的工厂不仅生产生活资料，也已能生产生产资料。英国的交通运输业也发生了革命性变革，加快了国内资源配置的速度和各地经济的联系，促进了国内经济发展，也大大缩短了英国与海外的距离，使英国与世界其他地方的联系变得更为便捷，推动了英国对外贸易的发展和进出口能力的增长。据载，19 世纪 20 年代初，英国的出口总值每年不过 3000 万镑，到 30 年代后期增加到年 5000 多万镑，10 年时间接近翻了一番。法国其时虽然工业基础比较薄弱，主要还是一个农业国，但工业的技术水平和经济总量也相当可观。在英国取消机器输出禁令的 1825 年以后，法国的技术进步和经济发展跃上了新的台阶，从 1830 年至 1839 年仅 10 年时间，其运用蒸汽机的数量由 650 台跃升至 2450 台，增长了近 3 倍，棉织品的产量也增加了 3 倍。在 1840 年，法国的铁、煤产量分别达到 35 万吨和 300 万吨，进出口贸易的历史纪录不断被刷新，1838 年增至 8000 万法郎。

英、法的状况基本反映了那个年代西方资本主义的发展情况和水平。英、法资本主义的发展造成了国内市场的饱和，引发了生产相对过剩的危机。以市场为导向，以资本增殖为目的的新经济，驱使西方资本家开辟更大的市场来推销其工业品，以摆脱危机。增加利润、拓展海外殖民地成为英国资本家的首选战略。此前，英国虽在印度和孟加拉以及世界其他地方拥有广阔的殖民地，但仍不能满足其掠夺财富的需要。于是他们在经历近一个世纪的摸索后，把注意力和侵略矛头指向人口众多、国力孱弱的中国。

 ## 江河日下的清朝统治

中国是一个拥有灿烂文明的古国，地域辽阔，人口众多，物产丰富。中国祖先所创造的文明曾在世界独步一时，无与伦比，还在十五六世纪，中国的科学技术水平和社会经济总量均居世界一流水平，粮食产量、手工业品以及煤铁生产总量均超过世界任何一个国家。然而进入 17 世纪，当西方国家纷纷转轨变型，开始向资本主义社会转变之时，中国仍未能脱出封建社会治乱兴衰的循环圈。其最大特点是，社会生产仍是以满足自身需求为目的，排斥市场作用，缺乏扩大再生产的动力，以小农业和家庭手工业相结合的自给自足经济主宰整个经济结构，农民不仅生产自己需要的农产品，还生产自己需要的工业品。这种以消费为目的的经济与日益扩大的西方资本经济形成巨大反差。虽然在明末清初，简单的商品经济有一定的发展，出现了具有资本主义生产关系特征的手工工场，但由于封建压迫和剥削，封建文化意识的束缚，这些稚嫩的资本主义萌芽并没有成长为成熟的资本主义生产关系，封建生产关系仍占主导地位，地主阶级与农民阶级的矛盾是当时社会的主要矛盾。

17世纪开始统治中国的清王朝，在18世纪末叶开始出现全面衰落，政治腐败，经济停滞，财政枯竭，军备废弛。社会财富越来越集中在少数人手里。土地兼并现象日重一日，广大农民、手工业者遭受地租、捐税及高利贷的多重盘剥，生活极其贫困，不仅无法扩大再生产，甚至无力维持简单的再生产。随着封建社会的国家控制减弱，底层社会的不满情绪和反叛行动开始汇聚，阶级矛盾走向尖锐化。18世纪末叶和19世纪初叶，湖北、四川、河南、陕西、甘肃等省纷纷爆发农民起义。反清秘密组织天地会、白莲教规模迅速扩大，并活跃于大江南北，这一切都预示清王朝的衰微与民族的危机同时降临。

面对危机，如果统治者能放眼世界大势，顺应潮流，厉行改革，不是不可能起衰振弊，摆脱危机。从后来历史发展的情况看，一些所谓的现代化"后来者"、"派生者"，不也是在民族危机和社会矛盾的交迫下启动改革、变革政治、发展经济、改良社会，走向世界的吗？确实当时由殖民者倡导的国际经济秩序和政治秩序已经建立，并充斥着不公平，但中国如果能自觉参与国际竞争，在竞争中崛起，在发展中进步，不是不能成为第二批现代化国家。然而当时中国的统治者是封建皇帝，这就使这种可能性变得很小；更由于中华文明独立发展中形成的世界秩序观和邦交体制，禁锢了国人对天朝以外另一类文明体系的认识，使其时的中国难以逾越走向世界的种种障碍。相反，为了维护国内政治稳定和社会秩序良好，消弭可能会危害清朝统治的外来因素，清朝统治者拒绝进行具有现代性取向的变革，在对外关系上，仍然奉行传统的邦交体制，实行祖宗成法——限关政策；规定中外贸易，只有政府特别批准的商人方可从业，外商只与他们交易才算合法。

被称为"公行"（十三行）的中外贸易垄断商，不仅在中外贸易中，而且在清政府对外关系中也起着一种特殊作用。一方面，作为垄断商，公行拥有承销外洋进口货物和代办内外出口货物的独占权；另一方面，他们又承担政府赋予的一定义务，这就是担保外商缴纳税款，负责约束外国商人在广州的居住和行动，充当清政府与外商之间一切交涉的联系人。清政府设立公行的目的显然是防范外国商人与国内商人的接触，制止外来势力的侵入，这一政策折射了清朝统治者的世界观和对外导向。

在世界资本主义急速扩张，各地经济联系日趋密切的时候，中国只有主动打开大门，自觉地走向世界，以变革促发展，以开放求进步，才能有效应对各种危机和挑战。一切把自己孤立起来的举动，不但不能成功抵御外来的各种侵略，还会因为孤立而使自己变得愈加落后。事实的发展证明了这一点。清朝政府的限关政策，最终没能把外国侵略者拒在国门之外。中国经历了另一种历程："世界"走向中国。以英国为首的资本主义国家把中国拖入了世界市场和世界资本主义经济旋涡，中国在帝国主义侵略的压力下，开始自己的近代历程。

二 中西贸易的缓慢发展
与罪恶的鸦片贸易

 战前中西贸易简况

　　鸦片战争发生之前，中西之间已有悠久的贸易历史。与中国最早发生贸易关系的西方国家是葡萄牙。葡萄牙人 1514 年来华贸易，带来了产于东南亚的香料、药材。他们从中国输入的是丝绸、瓷器。早期西方对华贸易，是持海盗作风进行。40 年后，葡萄牙人强租了中国澳门。随后到来的是西班牙人，他们于 1575 年占领菲律宾群岛后，北来中国请求通商。此请得到了明朝政府的批准。第三个来华的是荷兰，时间约在 17 世纪初叶，其时明朝正处国势不振之际，对于荷兰的通商请求，地方政府未予批准。于是荷兰殖民者采取强盗行径，用武力胁迫地方官府与之通商。他们用炮舰攻占澎湖、台湾，筑城设守，强行贸易，由于明朝政府势呈瓦解，力不能及，荷兰得以据有台湾，进行其非法的对华通商。

　　英国与中国建立贸易关系较晚。第一艘商船驶抵广州，是在 1637 年。此后约一百年英中贸易关系虽维持着，但交易额很小。18 世纪以后情况发生了变化。这就是英国生产力水平提高导致了廉价工业产品的大量增加；新式交通工具的广泛使用和传统货轮的机械化改造使英国商人远航东亚成为一件相当容易的事，东印度公司取得了对华贸易的垄断权以后，对华贸易的积极性空前提高。此后，英国对华贸易不仅实现规模化、经常化，还开始执西方世界对华贸易之牛耳。以 1764 年的对华贸易情况为例子，该年西方国家对华贸易输入总值银 191 万两，英国为 121 万两，占63.3%，输出总值银 364 万两，英国为 170 万两，占46.7%。到 18 世纪末，英国对华贸易输入值已占西方国家输入值的 90% 左右，输出值则占 70% 以上，英国后来居上成为西方国家中对华贸易的最大获利者。因此，英国东印度公司驻广州的特别委员会及其主席，虽然只是该公司在中国业务的管理机构和负责人，但却被清朝广州政府认作西方商界的代言人。

东印度公司是一家成立于 1600 年，在好望角以东至麦哲伦海峡之间地区具有贸易垄断权的商业组织，是英国侵略远东的派出机构。1702 年它的垄断权获得了王室和国会的承认和保护。马克思在《资本论》中说："（东印度公司）除了在东印度拥有政治统治权外，还拥有茶叶贸易、同中国的贸易和对欧洲往来的货运垄断权。"东印度公司主持的对华贸易，其内容最初是将产于欧洲的钟表、玻璃制品、毛织品、金属器皿以及从印度和南洋掠夺来的香料、药材运到中国，从中国输入生丝、茶叶、土布、大黄等土产品，运回英伦销售。

在初期近 200 年的中英贸易关系中，中国一直处于有利的出超地位。从表象看，是由于中国对英国货物的需求量不大，市场很小，钟表、毛织品只限于少数人使用。而英国对于中国出产的茶、丝等货物的需求量则每年有所增加。从深层次看，是由于中国自给自足的封建经济顽强地抵抗着外国工业品的大量输入。因此，在一般商品的交换上，中国始终处于出超的有利地位。例如，1781～1790 年，中国输往英国的商品，仅茶一项，即达 9626 万银元，英国输往中国的商品，在 1781～1793 年，包括毛织品、棉布、棉纱、金属等全部工业品在内，总共才 1687 万银元，只有上述茶价的 1/6。到 19 世纪，茶叶不仅是英国的必需品，而且又是东印度公司和英国政府的大宗利润和税源，中国输往英国的茶叶，从 1793 年的 1600 万磅，增加到 19 世纪 20 年代每年平均 3000 万磅以上。英国的茶税由于一再提高，由 1793 年的 60 万镑增加到 1833 年的 330 万镑，成为英国政府的主要财源之一。由于处于入超地位，英国商人为了获得中国的丝茶，就不得不拿出大量的银元来兑付货款。19 世纪初，从外国流入广州的银元，平均每年在 100 万两至 400 万两之间，以至当时来广州贸易的外国商船，所带的货物不多，而大量的却是银元。

这种贸易状况一直维持到 19 世纪初。这对于进入了大机器生产、积极要求扩大海外市场，以利于推销工业品、增加利润和增殖资本的英国资本家阶级来说是十分不利的。他们分析认为，英国商品在中国市场上得不到大量销售的原因是清政府采取的限关政策。于是他们决定采取种种手段破坏限关政策，设法打开中国的大门。

② 从外交讹诈到鸦片贸易

1792 年，英国政府在东印度公司的吁请下，以补贺乾隆皇帝八十寿辰为名，派遣马戛尔尼为首的使团来华，试图用外交手段打开中国的大门。1793 年 7 月马氏抵大沽海口，9 月在热河觐见皇帝。马氏按计划提出了五条要求：①开放宁波、舟山群岛及天津为通商口岸；②在北京设立商馆；③将舟山群岛之一海岛划给英国，作为英国商业基地；④将广州一块地方拨给英国，供英商居住，或允许英人在广州"出入自便"；⑤减免英货在广州和澳门之间的税额。这些要求表面上是为了通商，实质上是英国想在中国推广印度殖民模式。这一图谋遭到了乾隆皇帝的拒绝。

1816 年，英国又派出以阿美士德为首的使华团体，主要目的仍是打开中国国门，具体目标是驻使北京，谋求开放北方通商口岸，给来广州贸易的英商以更大的自由。英国的这些要求再次遭到清政府的拒绝。

由东印度公司主持对华关系之时，他们还尝试过用炮船轰开中国的海关。1808 年，英国 13 艘兵船侵扰中国东南沿海，闯入虎门，被中国水师击退。1820 年，英国兵船在广州外伶仃洋面试探中国的防御力量，图谋北犯。1832年，冒险家胡夏米在东印度公司指使下，勾结传教士郭士立等70余人，乘武装商船阿美士德号，窜入中国南澳、厦门、福州、宁波、上海、威海卫等口岸，从事武装侦察，搜集政治、经济、军事情报。

然而从结果上看，英国的这两手都没有得逞。

但是，英国的第三手却得逞了，这就是用鸦片贸易改变中英贸易形势和利益流向格局。他们利用这一手达到了他们外交讹诈和冒险行动没有达到的目的。

最早向中国贩卖鸦片的西方殖民国家是葡萄牙和荷兰。它们以澳门为据点，向中国内地运销鸦片，不过数量有限。英国贩卖鸦片较晚，但发展较快。1727年英印运华鸦片200箱，1767年即达到1000箱。1773年是英国对华鸦片贸易史上十分重要的一年。英属印度政府在这年确立了鸦片政策，同时为了保证这一政策的充分实现，给予了东印度公司在印度的鸦片专卖权。1797年东印度公司又取得制造鸦片的特权。英国对华鸦片贸易，就是在这个垄断机构的操纵下，一步步地发展起来的。

英国东印度公司在取得鸦片的专卖与制造权以后，千方百计地扩大鸦片的生产和输出。它强迫印度农民种植鸦片，并在印度加尔各答设立鸦片加工厂，根据中国吸食者的口味，大量调制鸦片毒品。鸦片制成后，东印度公司通过英属印度政府的官吏在市场公开拍卖给商人，然后偷运到中国来。

鸦片贸易使烟贩、印度政府、东印度公司都获巨利。烟贩以偷运逃避纳税，仅此就获利不小；再是差价大，烟贩从印度进货，每箱鸦片价格为 1785 卢比，运抵中国后的销售价格为 2618 卢比，两者的差额为 833 卢比，折合银洋为 400 多元。据大烟贩子查顿称：在最好的年头，鸦片的利润每箱高达 1000 银元，世上任何一种贸易均无法与之相比。印度政府则通过税收获利。据载，当时印度政府以 300% 以上的税率抽税，1829～1830 年从鸦片专卖所取得的收入超过 100 万英镑，约占印度政府全年总收入的 1/10。东印度公司是最大的获利者，由其制造、专卖的鸦片，每箱成本不过 230 多卢比（以 1813 年价），可是其拍卖价格，每箱达 2480 卢比，两者差额为 2250 卢比，是原来成本的 9 倍多。剔除印度政府的税收，每箱鸦片东印度公司的收入即达 1200 卢比。在利益的驱动下，鸦片贸易飞速发展起来，英印的鸦片制造厂日夜不停地开机生产，而推销商则一面组织专运鸦片的船队，往返于伶仃洋与印度之间，另一方面则将贩毒的活动范围扩大到中国沿海各省。

1800 年东印度公司在拍卖鸦片后，宣称不再参与对中国的鸦片运输与贩卖，还于 1816 年规定公司船只不准装运鸦片前往中国，违者给予经手的职员以停职处分。难道东印度公司真的要放弃具有巨大利润的鸦片生产营销？回答是否定的。1800 年以后东印度公司没有放弃鸦片利益。但它向中国倾销鸦片的手法确实也有改变。这种改变就是利用散商进行，自己在幕后操纵。

散商，又称私商，是指独立于英国东印度公司以外的来华做生意的英国商人。从广义上讲，还包括作

为英国殖民地的印度的来华商人。据理，在由东印度
公司垄断对华贸易的背景下，散商是没有存在空间的。
但在早期，东印度公司为获得公司员工的支持，通常
允许他们进行一定数量的"私人贸易"。具体做法是公
司给他们分配免费吨位。而获得这些好处的员工，又
常常将这些吨位卖给在印度活动的散商。散商起初是
付给佣金委托公司的船货管理员在广州给他们销货进
货，后来则以种种借口居留广州、澳门亲自经营进出
货物。由于利润的驱动，散商的业务获巨大发展，俨
然成为对华贸易的又一强手。19 世纪初，英国散商在
对华贸易总额中所占的比重不断攀升。在输入贸易方
面，1760 ~ 1764 年间散商输入值仅占英国输入总值的
8% 左右，到 1829 年则上升到 80.42%，散商的输入贸
易也从 1760 ~ 1764 年间所占的 3.32%，提高到 1829
年的 45.41%。

英国散商输入鸦片数量及比重（1800 ~ 1839）

单位：箱，%

年 份	鸦片输入总量	散商输入量	散商输入年均量	散商所占比重
1800 ~ 1804	17808	17808	3561.6	100
1805 ~ 1809	21883	20939	4187.8	95.69
1810 ~ 1814	26067	23267	4653.4	89.26
1815 ~ 1819	48068	24928	4985.6	51.86
1820 ~ 1824	79493	53690	10738	67.54
1825 ~ 1829	100676	69995	13999	69.53
1830 ~ 1834	138825	111219	22243.8	80.11
1835 ~ 1839	205299	188817	37763.4	91.97

　　散商在鸦片贸易中充当了东印度公司的工具。在散商经营的对华贸易中，鸦片占有极大的比重。鸦片成为散商对华贸易的最大宗商品。以 1820 年为例，这年散商营销的鸦片占该贸易年度散商输入商品总值的 64.4%。

　　东印度公司将鸦片贸易交给散商是有其阴谋的。首先，从印度输入中国的鸦片是粗重货物，运输时所需吨位大，而自中国输出的茶叶和生丝却又是轻细货，运输时所需吨位小，并且直接输往印度的也不多。公司若垄断印度对华鸦片贸易，就得承担从中国回印度航程中吨位的大量空余带来的巨大损失。其次，还有一个更严重的问题是，在中国经营鸦片是有风险的，因为清政府曾于 1729 年、1780 年、1796 年多次颁布禁鸦片令，一旦偷运被查获，损失巨大。再次，东印度公司从中国输出的茶叶中获得巨大利润，也不便直接走私鸦片而得罪清政府，从而失去茶叶利润。将鸦片交给散商，并不意味着东印度公司就失去了控制权。对于参加对华贸易的英印散商，东印度公司采取了营业许可制度，规定：获得许可证的商人在中国出售印度货物所得的现款，必须转交东印度公司在广州的财库，东印度公司收款后付给散商伦敦董事会或印度政府的汇票，散商接受东印度公司驻广州监理委员会管辖。这些条款体现了东印度公司对散商的控制。

　　散商介入对华鸦片贸易以后迅速发展起来。1834年，散商利用自身的实力与国内工业资产阶级合作，在国会摧毁了东印度公司对华贸易的垄断权，赢得"自由贸易"权利。此后，他们从印度输入中国的鸦片数量激增，据马士《中华帝国对外关系史话》载，其增幅是惊人的：

1800～1801 年	4570 箱
1821～1822 年	5959 箱
1830～1831 年	19956 箱
1835～1836 年	30202 箱
1838～1839 年	40200 箱

鸦片贸易使英国政府获利甚厚。英国强迫印度生产鸦片，换取中国白银，借以扩大英国工业品在印度的销路。印度用种植鸦片的收入购买英国纺织品，英国用印度的鸦片换取中国的丝、茶，运销英国和世界其他地方。可见，在英国—印度—中国，即棉纺织品—鸦片—茶、丝循环转贩的"三角贸易"关系中，鸦片起着重要的作用。英国政府就是紧紧抓住鸦片贸易这个环节，把英国—印度—中国"三角贸易"链条带动了起来，从而使自己取得一举两得的便宜：既把自己生产的纺织品在印度大量推销了出去，又把需要的茶、丝从中国购运了进来。从 1814 年到 1835 年，英国输入印度的棉纺织品，从不到 100 万码增加到5100 万码，这主要是用印度农民被迫种植鸦片的收入来购买的，1793 年到 19 世纪 30 年代，英国购进中国的茶叶，从 1600 万磅增加到 3000 万磅以上，这主要是靠鸦片走私换来的。而进口大量的茶叶，又使英国政府获得丰厚的茶叶税收入。仅 1833 年一年英国的茶

叶税收即高达 330 万英镑。因此，只要鸦片贸易越来越扩大，"三角贸易"这根链条就会越转越快，英国资产阶级腰包中的利润就会越来越多。因此，英国政府对鸦片贸易必须采取支持与庇护的态度。

禁烟与反禁烟的初次较量

鸦片是由罂粟的汁液提炼而成，俗称大烟。因其含有大量使人麻醉的毒素，而易使人吸食上瘾，不断吸食最终导致人体消瘦、精神萎靡。清政府有鉴于此，早在 1729 年就颁布了第一道禁烟诏令，规定对贩运鸦片者"枷号一月，发近边充军"；对私开鸦片烟馆者，"拟绞监候"。但允许鸦片用做药材，同意公行照章收税、输入拍卖。

1796 年清政府再颁禁令，停止征收鸦片税，禁止鸦片输入。以后又三令五申，严禁鸦片输入、种植、贩卖和吸食。鸦片贸易成为非法贸易。英印烟贩不顾中国法律，从未放弃鸦片贸易，不能公开售卖，就改为走私。他们通过卑鄙的贿赂手段，将鸦片的囤储地点改在澳门，然后用船载往黄埔，不再上岸，就在船边私卖。而清政府的缉私官府，由于受到贿赂，不闻不问。这样，鸦片的输入量有增无减。嘉庆年间，每年达到 4000 多箱。

1822 年，清政府采取了更加严格的禁烟办法：规定不仅在内地广州，而且在澳门也不许囤放和售卖鸦片，否则处以重罚。英国鸦片贩子采取对策，在珠江口外的伶仃洋建立走私据点，在伶仃岛停泊固定的趸船，存放外洋运来的鸦片，并由兵船加以保护。他们让广州的土棍以开设其他店铺为名，抛售鸦片，这种被称为"大窑口"的黑店负责收取烟款，开出执照，而贩子即凭执照赴伶仃岛的趸船取货。负责装运至各口的武装快船称为"快蟹"或"扒龙"。据说，这种船"帆张三桅，两旁尽设铁网，以御炮火；左右快桨，凡五六十，来往如飞，呼为'插翼'。星夜遄行，所过关津，明知其带私，巡丁呼之，则抗不泊岸，追之则去已无及，竟敢施放枪炮，势同对敌，瞬息脱逃"。鸦片运到内地，又通过所谓的"小窑口"分售于城乡各处。鸦片贩子以伶仃洋为本营在中国沿海及近海腹地编织起了一张不小的鸦片传销网。

英国政府对鸦片贸易采取的传统态度是默许与庇护。到 1832 年，由于中国政府一再禁止鸦片入口，英国政府为了了解对华贸易（鸦片）所给予印度政府的影响，就印度政府的财政状况作了一次调查。英国政府根据调查结果认为，鸦片税关系重大，鸦片贸易不能终止。这样，英国政府对鸦片贸易的态度由默许变成了公开的认可，英国烟贩的走私活动遂为英国政府所包庇和纵容。英国议会的报告写道："孟加拉的鸦片专卖每年供给政府数达 981293 金镑的收入。鸦片税是按成本 301.75% 的税率征收的。在目前印度财政收入的情况下，要抛弃如此重要的一种税收，看来是不适当的。鸦片税是这样一种税，它主要由外国消费者来负担。整个说来，它比任何可能代替它的税，更不易遭人反对。"英国政府基于这种政策，对清朝政府断然禁止鸦片贸易的措施，必然以武力来加以对抗。

1834年英国政府依照1813年通过的法律，取消了东印度公司的对华贸易垄断权。这是英国工业资产阶级和商业利益集团抨击东印度公司在对华贸易上碍手碍脚，运动议会赋予对华自由贸易权利的结果。东印度公司设在广州的负责对华所有贸易的机构——监理委员会也相应退出广州。英国政府为了协调自由商人——散商的对华鸦片贸易，不顾清朝政府的态度，由其外交部向中国派出了官员——商务监督。希望通过它在事实上达到马戛尔尼和阿美士德两团来华所没有达到的目的：增加通商口岸、推销鸦片、扩大中英贸易、获得海军据点等。

1834年律劳卑作为第一任英国商务监督抵华。一到澳门，他便将存在了上百年的中英关系格局搁置一边，径赴广州，要求与清朝政府建立直接的交往关系。当他的要求遭到拒绝后，他竟命令两只英国兵船炮击虎门炮台，进行战争恫吓。律劳卑的挑衅，遭到了驻海口的清军水师的回击。律劳卑感到力量不足，无法应对，被迫退回到了澳门，不久在澳门病死。

律劳卑死后，英国政府又先后派出德庇时、罗宾臣、查理·义律为驻华商务监督。德庇时和罗宾臣不仅熟悉中国情况，而且都富有殖民经验，他们从律劳卑的经历中悟出与清政府进行直接交锋的时机尚不成熟。于是他们执行所谓"相安无事"的政策，其内涵是：维持与清政府之间的和平关系；在和平的烟幕下扩大鸦片走私。为了方便英商经营鸦片生意，罗宾臣将其商务监督的办公地点自澳门迁到伶仃洋面的单桅快船"路易莎"号上。在英国政府的有力支持下，英国对华鸦片贸易的数量急剧增长。停泊在伶仃洋面的鸦片趸船，道光初年经常是七八艘，此时猛增至25艘。1838～1839年，输入中国的鸦片即达40200箱。在鸦片战争前40年间，英国共偷运进中国的鸦片不下427000箱，从中国掠夺走了3亿～4亿银元。

必须提到的是参与向中国走私鸦片的还有美国。美国独立后，资金缺乏，工业落后，对华鸦片走私就成为其资本原始积累的重要途径。《美国人在亚东》一书的作者丹涅特说："早期对华贸易提供了一个积累资金的手段，使大笔资金在几年之内得以积累起来，供迅速发展中的各州的迫切需要之用。"所谓"早期对华贸易"就是美国向中国偷运鸦片的代名词。

由于印度鸦片为英国控制，美商于是从土耳其和波斯将鸦片运来中国与英商竞争。据东印度公司估计，1817年各国运华鸦片总数是4500担，其中美国1900担，约占总数的42%。后来美国商人又挤进了印度，加入营销印度鸦片的行列。美国在中国的贩毒组织是普金斯洋行和旗昌洋行。

4 鸦片泛滥所引发的新危机

鸦片是一种昂贵又使人堕落的毒品。道光年间鸦片烟价与黄金等，"较银四倍"。最初有能力吸食的是有闲的富有阶层，后来随着鸦片流入量增大，吸食者的范围大大扩大，既有纨绔子弟，也有官吏、士绅、地主、富商，甚至及于差役、兵丁、僧尼、道士、妓女等。一些大地主大商人瞄准鸦片的社会需求量大，且由于走私性质烟价昂贵又稳定，都像储藏金银一样囤积鸦片，作为发财的一种手段。包世臣曾提到当时有"以囤土之多寡，计家产厚薄"之说，可见烟毒泛滥的深广程度。

鸦片烟毒在中国泛滥加深了中国固有的社会和阶级矛盾，造成了深刻的社会危机、经济危机。

首先，鸦片贸易改变了中国对外贸易的长期优势。以往在中英贸易中中国处于出超地位，英国向中国输出的货物不足以抵偿他们从中国购进丝、茶，于是依靠散商从各地搜罗银洋以补偿。自鸦片介入后，中国出超的地位发生变化，一向出口的茶叶、生丝、布匹、药材，已不仅不足以抵偿鸦片烟价，而且每年还要流出大量的白银。1821 年后，鸦片走私激增，由于大量白银流出而形成的银荒已从沿海省份蔓延到了内地。据英国公布的记录，1823 年到 1834 年间，中国共有2520 万元的白银流入英国。据最低的估计，鸦片战争前 20 年（1820～1840 年），从中国流出去的白银，至少在 1 亿元以上，这个数字相当于银货流通总额的 1/5，平均每年流出的不下 500 万元的白银相当于清政府每年总收入的 1/10。

白银外流引发了银贵钱贱的问题。当时中国通用的货币是白银和制钱。18 世纪末制钱 1000 文即可兑换白银 1 两，到 19 世纪 30 年代，兑换 1 两银子需要制钱

1600～1700文，30年间，银价上涨了600～700文。银价上涨引起经济秩序的混乱，农民和手工业者的负担大大加重。过去农民完纳田税1两银子，只需制钱1000文，此时则需1600～1700文，负担增加了60%多。农民必须拿出比以前多得多的农产品才可以完成原定租额。在入不敷出的情况下，农民抗租抗税的事件不断发生，租佃关系更加紧张。白银外流也引起清政府财政上的危机，由于白银日少，收税日难，各省拖欠的赋税额日益加大，清政府的库存日渐减少，形成了经济运行危机。

其次，鸦片泛滥大大削弱了中国社会有限的购买力，造成了工商业的普遍萧条和衰落。

中国社会的购买力本来十分有限，例如农民不仅生产所需的农产品，也生产自己所需的手工业品。在残酷的封建剥削和压迫之下，农民和手工业者仅能维持简单的再生产。农民只有年成稍好时，才有可能出售部分农产品以换取其他生活必需品。在流通领域，完全靠富有阶层的生活、享受消费来带动社会生产。鸦片泛滥，致使这一有限的购买力大部分被鸦片吸纳。在广州，负责进出口贸易的行商在鸦片战争以前即已有"百行生意，转动愈难"的感受。某位公行商人在1834年曾说：由于银两日少，"各货滞销，损多益少……如遇一货而稍获微利，实近来罕见罕闻之事也"。在长江中下游地区，情况大致如广州。林则徐曾在1838年对苏州和汉口的商业作过调查。调查后他曾说："苏州之南濠、湖北之汉口，皆阛阓聚集之地……

近来各种货物销路皆疲，凡二三十年以前，某货约有万金交易者，今只剩得半之数，问其一半售于何货，则一言以蔽之，曰鸦片烟而已矣。"工商业是鸦片战争前中国资本主义萌芽比较集中的领域，由于购买力的下降，经济活力的减弱，工商业出现倒退、衰落的现象，无疑是对中国稚嫩的资本主义生产关系萌芽的摧残，其后果是难于估计的。

最后，鸦片使清朝统治阶级更加腐化，政治更加黑暗。清朝统治阶级中吸食鸦片者人数不少。蒋湘南曾估计："在京官中有十分之一二，地方官中十分之二三"吸食鸦片，至于活动在官员身边的"刑名、钱谷之幕友，则有十分之五六；长随、吏胥，更不可以数计"。林则徐认为：在上述阶层中吸食鸦片的人数要多得多，绝不止蒋湘南所估计的。他说，在整个社会中，"以衙门中吸食最多，如幕友、官亲、长随、书办、差役，嗜鸦片者十之八九"。如果按照这一比例估算，统治阶级和依附于统治阶级的人中吸食鸦片者不下百万。这些人是社会的寄生阶层，他们是凭借或依恃势力参与社会财富分配的。根据当时清朝政府对官员及其服务人员的薪俸规定，他们的正常收入是很低的。因此，为维持与他们身份一致的生活水平，他们必须通过非正常的途径去谋取财富。沾上鸦片后，更刺激他们进一步利用职权，采取卖官、索贿和勒索等多种办法去巧取豪夺。下级官员为了满足上级官员的私欲只能变本加厉地去压榨百姓。这加剧了社会的混乱和政治的腐朽，使官僚政治运作更加无序化。

清朝军队也由于鸦片烟毒的侵蚀变得腐朽不堪。清军官兵吸食鸦片在 19 世纪 30 年代已是很普遍的现象。同时清军官弁的饷糈很低，由于官长的克扣变得更低。为了生存，为了消费毒品，清军官弁干起了敲诈勒索的勾当。清军除担负类似现代军队使命外，还兼具警察的职能。这就为他们敲索百姓提供了可能。耆英说："营员兵丁，亦无不以民为可欺，借巡查则勒索商旅，买食物则不给价值，窝留娼赌，引诱良家子弟……代贼潜销牲畜，放牧营马于田间，名曰放青，阻夺货物于道路，指为偷漏。盗劫案发，则怂恿地方官，扶同讳饰；兵民涉讼，则鼓胁众丁，群起而攻。"如广东水师还竟然私放鸦片，索取规费。据包世臣说，许多将弁"其岁入得自粮饷者百之一，得自土规者百之九十九。禁绝烟土，则去其得项百之九十九"。大批"缉私船"实际充当了走私船。

这样的军队无疑没有什么战斗力，后来在与英军作战中不堪一击不能不说是根源于此。这种情况绝不只发生在广东。曾国藩说："兵伍之情状，各省不一，漳、泉悍卒，以千百械斗为常；黔、蜀冗兵，以勾结盗贼为业；其他吸食鸦片，聚开赌场，各省皆然。"这是一种普遍现象。

总而言之，鸦片泛滥已成了一个严重的社会问题，是当时社会发生政治危机、经济危机、道德危机的总根源。

三 声势浩大的禁烟执法行动

 清政府的禁烟立法与执法概况

鸦片泛滥导致的经济秩序混乱、经济活力萎缩、社会公德沦丧，随着时间的推移在不断加剧。这作为一个严重的社会问题和经济问题，从 18 世纪末叶始，一直成为士大夫的议论中心。还在 1826 年时，江南的一些知识分子即预言："十年之后，患必中于江、浙，恐前明倭祸，复见今日！"据包世臣报道，其时江淮间"见祸事将起，辄云要'闹西洋'"。这反映中华民族与外国帝国主义的矛盾已在士大夫的时事评论中凸显出来。

鸦片的泛滥也引起最高统治者的忧虑。在他们看来，社会秩序的混乱、人心风俗的颓废、国计民生的凋敝都与鸦片有关，因此，从鸦片祸害社会凸显那天始，清政府就采取禁止的政策。

清政府在禁烟开始时是以正人心风俗为出发点的：

1729 年的禁令宣布贩卖鸦片、开设烟馆有罪；

1780 年重申严禁吸食、贩卖鸦片；

1796 年明令禁止鸦片输入，停征鸦片关税；

1800 年申令禁止内地种植罂粟；

1810 年重申禁止吸食，并令力遏外商走私鸦片；

1813 年制定处罚吸食鸦片者条例；

1814 年令广东海口认真查禁鸦片走私；

1815 年令查验外商船只，杜绝夹带鸦片；

1817 年晓谕外商严禁携带鸦片来华。

从颁布禁烟令的频次看，清政府最高决策层的禁烟态度是积极而又坚决的，政策也是全面、配套的，尤其是认识到要禁绝鸦片，在"粤海各口，杜其来源"，"较之内地纷纷拿查，实为事半功倍"。这是符合实际的。然而由于执行法令的各级官吏本身已极腐化，而外国烟贩又通过贿赂等手段收买守关把口官员，这就使得这些法令始终停留在文字上。

海口的输入禁止不了，内地的贩运当然无从遏止。外国私贩公然在广州海关大门口出售毒品，满洲大小贵族则夹带烟土进京以图"销卖获利"。在这种背景下，偷运进口的鸦片数量不断增加，鸦片祸害的地域不断扩大，受害的社会群体也不断增多。据时人云："农之食烟者十之二，工之食烟者十之三，贾之食烟者十之六，兵之食烟者十之八，士之食烟者十之五；上至督抚仆隶之私，下及州县舆台之贱，其食烟者又十之八九。"据估计，19 世纪 20～30 年代，受鸦片毒害人数在 200 万以上，相当于全国人口的 1/16。

人心风俗未正，从 19 世纪 20 年代起又凸显了鸦片泛滥导致白银大量外流，国内出现银荒的问题。

1820 年登基的道光帝为禁而不止的鸦片震怒了，他上台后采取了比他的父亲嘉庆帝更加严厉的禁烟办法：

1821 年诏令行商严查外船夹带鸦片，负责具结；

1822 年严禁海口守巡员弁卖放鸦片和偷漏银两；

1823 年重申各项禁令，制定官员将弁失察鸦片治罪条例；

1829 年颁布《查禁官银出洋及私货入口章程》，令广东海口认真查禁私运烟银。

1830 年批准查禁鸦片分销章程，重申禁止内地种植罂粟的命令；

1831 年批准加重买食、贩卖鸦片治罪条例；

1832 年重申查禁洋面私卖鸦片、快艇走私令；

1834 年令广东水师驱逐洋面鸦片趸船。

道光皇帝禁烟决心无疑要比嘉庆帝大，因此在打击鸦片走私、贩卖、种植等方面的力度也远比嘉庆大，为解决鸦片问题而制定的各种规条也远比前朝多。尤其值得注意的是：道光帝的禁烟重点已不是为了正人心风俗，而是为了杜绝漏银，所关注的是国计民生。

然而，道光帝的禁烟成效并不比嘉庆帝好多少。在他的指挥下，两广总督阮元把原集结在澳门的鸦片走私贩驱逐到伶仃岛，确为中外鸦片烟贩造成了经营和生活上的不便；恢复保甲制度和奖励告密，确使瘾君子和烟贩子不敢过分张扬。但这些并没有遏制住鸦片输入数量激增的势头。相反，道光登基后的十几年乃是鸦片走私空前猖獗的年代。总之，一切法令在腐朽无耻的统治阶级和卑鄙狡诈的中外烟贩面前完全失效。

清廷高层关于解决鸦片问题的争论

鸦片在不断输入，白银则源源外流。

努力与成效之间的巨大反差，使许多人对禁烟失去信心，在统治集团中也弥漫着一种失败主义的情绪。有些人在揣摸道光对鸦片泛滥与白银外流关系的考虑的基础上，提出了弛禁主张，这就是解除一切鸦片禁令，恢复鸦片的正常贸易，让海关对鸦片征收高额税，允许内地自行种植罂粟，准许民间吸食。他们认为这样就可以阻止白银的外流，并且以为由于土膏盛行，外商不能专利，最关键的问题从而得到解决。

弛禁的意见在士大夫中比较普遍，目睹多年禁烟而收效甚微的广东士大夫中持此种意见者尤多。广州士绅何太青、吴兰修以"私议"形式提出，禁烟百弊丛生，一些地方官吏以"禁令"作为发财的工具，贪赃枉法，收取规费，禁令实际成了国家机器的腐蚀剂。他们认为弛禁则害轻利重，恢复鸦片的正常贸易，既可以大大增加关税收入，又可以避免走私者贿赂官员侵蚀政治机体；提倡内地种烟，与洋烟争利，可以减少白银外流。他们还认为，农田种植五谷作物的比较利益很低，而倡导颇有市场的罂粟种植，则所获之利"数倍于麦"，于国于民均有利。

中小士绅的弛禁之议在官僚集团中有同调者，特别是在主持过禁烟事务的官僚大吏中有颇多赞赏者。

当时的两广总督卢坤和广东巡抚祁𡎣实际是赞同此调的。他们深知道光帝的禁烟决心仍然很大，贸然支持弛禁主张很不合适，于是以"粤士私议"的形式，转报道光帝，试图以此来改变道光处置鸦片的政策。

两年后，随着鸦片问题日益凸显，弛禁的声调比以前更高了。湖南道监察御史王玥第一个上奏，明确提出弛吸食之禁。同年太常寺卿许乃济系统提出了弛禁的主张，他在奏折中说，禁绝鸦片的可能性并不存在。清朝禁烟禁了几十年，例禁愈严，食者愈多，几遍天下。他说，烟瘾犹如食欲一样，也是禁不了的。自禁烟以来，洋银有出无入，栽赃讹诈之案迭出。这一切都证明"法令有时而穷"。在"闭关不可，徒法不行"的形势面前，应该变通办理，就是放开鸦片贸易、种植、吸食。

许乃济提出了系统的政策性建议。在贸易上，他主张仍用旧例，准令夷商将鸦片照药材纳税，入关交行后，只准以货易货，不得用银购买，"洋银应照纹银，一体禁其出洋"。在吸食上，他认为，食鸦片者都是"游惰无志，不足轻重之辈"，所以可考虑任其贩卖吸食，但须规范公职人员"不得任令沾染恶习"。在种植上，他主张应宽内地民人种植罂粟之禁，听民之便。他认为，如果民间愿意种烟，不仅不会伤农，反而会"大有益于农事"，而且"内地之种日多，夷人之利日削，迨至无利可牟，外洋之来者自不禁而绝"。他还敦请道光当机立断，"倘复瞻顾迟回，徒徇虚体，窃恐鸦片终难禁绝，必待民穷财匮而复始转计，则已悔不可追"。

从制止白银外流的角度看，弛禁不失为一种办法。将无力制约的走私贸易变成正常的、合法的贸易，加强关税的征管力度，也许可能减缓白银外流的速度，减少漏银的数量，官吏兵弁也可能会从鸦片贸易的利益圈子中撤出来，有利于吏治的清廉。然而，这只能是一种理论上的假设。如果真的放开鸦片贸易、种植、吸食，那将意味着整个民族的素质、精神、意志放任颓废。同时在实际上也不可能出现弛禁者设想的那种漏银停止、道德回归、吏治清明的局面。

弛禁意见作为小范围的时事言论和政策建议，没有在社会上造成大影响，更没有对政局形成不利的干扰。当朝皇帝道光，是一个有理想有所作为的皇帝，他洞悉鸦片的祸害和禁烟政策的微效，有理由推断他同意弛禁论者的分析。但常常以历史上贤君仁主自省的道光，又不敢承担放任鸦片流毒的道德责任。同时他似乎懂得已有的禁烟办法不奏效，并不意味着就没有奏效的禁烟办法。他对弛禁的议论未作评品，即发下交两广总督和广东巡抚讨论，表示乐于听听他们的意见。另外，在实际操作上，则继续对鸦片贸易、吸食采取严厉打击措施。

1837 年是清朝地方政府在查禁鸦片方面成绩较显著的一年。各地督抚秉承圣旨开展对贩、吸、种鸦片的打击。两江总督陶澍、湖广总督林则徐、两广总督邓廷桢、直隶总督琦善等都在自己的辖区掀起了声势浩大的禁烟行动。林则徐在武昌、汉口等处设立了禁烟局，大张晓谕，严禁鸦片，并捐出自己的俸给配制断烟药丸，广为散发，督率部下收缴烟土、烟膏、烟枪、烟斗。短期内在武汉三镇拿获及搜缴烟土、烟膏102万余两，烟枪、烟斗共2000余杆，在湖南收缴2300多杆。琦善在天津也雷厉风行地查禁大烟土，三个月时间共起获烟土15万多两。两广总督邓廷桢、广东按察使王青莲四处查封烟店，搜获烟土，派出扒龙快蟹艇驱逐伶仃洋的趸船，下令逮捕了2000多名中国的吸毒者和贩毒犯。

在士大夫和官僚集团中更多的是严禁论者。他们反对弛禁，对弛禁论者的一些见解提出了根本性的反对意见。内阁学士兼礼部侍郎朱樽、兵科给事中许球、江南道御史袁玉麟的严禁意见有针对性。

他们认为必须坚持禁烟。许球说："明知为毒人之物，而听其流行，复征其税课，堂堂天朝无此政体。"朱樽指出："英夷以此输入中国，定与荷兰人之征服爪哇相等。鸦片之毒，足使国民腐败，道义堕落，相率而就自来之途。当此千钧一发之秋，复举抑制之力一切除去，则滔滔之祸尚堪设想耶？"他们认为，过去禁烟之所以失败，都由于官吏奉行不力，而不是禁烟法令之过。袁玉麟说："执法不移，于事既有大济。诚得海疆大吏洁己奉公，忠诚体国，必能雷厉风行，力清弊源。"

比较弛禁论者见解，严禁论者的意见更多考虑的是风俗、道义。对如何禁烟，怎样才能避免有令不行、有禁不止的走过场，他们没有更具体的、可操作的方案，只是说"必先严定治罪条例，将贩卖之奸民，说合之行商，包买之窑口，护送之蟹艇，贿纵之兵役，严密查拿，尽法惩治"，迨内地肃清后，再把"坐地夷人，先择其分住各洋行著名奸猾者，查拿拘守，告以定例，勒令具限，使寄泊于伶仃洋金星门之趸船，尽行回国"。

1836年6月另一位严禁论者发言了。他向道光提出了《请严塞漏卮以培国本》折。在这一奏折中，他在禁烟操作上提出了许多前人未曾提过的办法。他，就是鸿胪寺卿黄爵滋。

黄爵滋从国家的财政角度，详细申述了鸦片大量输入、白银外流、银贵钱贱的严重祸害，尖锐地指出："若再三数年间，银价愈贵，奏销如何能办？税课如何能清？设有不测之用，又如何能支？"他提出了一个"重治吸食"的方案，其观点是："耗银之多，由于兴贩之盛；贩烟之盛，由于食烟之众。无吸食者，自无兴贩；无兴贩，则外夷之烟自不来矣。"具体的办法是：由皇帝发布谕旨，限所有吸食者在一年内戒除。过期不戒，平民处死刑；官吏加等治罪，子孙不准考试。各省满汉营兵一例办理。他检讨以往禁烟失败一是方法不对头，二是官吏执行不力。因此除了重治吸食，他还建议，对玩忽职守的官吏也要严加处分。

黄爵滋的意见是在严禁论成为大气候的背景下提出的。他的个人见解突出在重治吸食者上。而以前的严禁论不外在查商贩、堵海口上。黄爵滋提出禁烟执法要从吸食者身上下手，实为一种新见。

道光帝对黄爵滋奏折的严禁精神是支持的，但对吸食者予以重治是否合乎道德、情理、法令,则似乎拿不准。他同样没有对此奏折直接作出评论,而是将其下发给各地的将军、督抚,令他们"各抒己见,妥议章程,迅速具奏"。

10月份道光帝收到29份议复的奏折。

29份奏折中,同意黄氏"吸烟者诛"的主张的有8份,其余的只主张对吸食者加重处罚,而不主张杀头。但是所有的奏折都主张加强对贩烟、售烟者的缉拿,并加重罪罚。

值得注意的是,在这29份奏折中,竟有19份主张把禁烟的重点放在海口,其中的16人不赞成对吸食者处以死刑。他们比较一致的观点是禁烟需正本清源,鸦片的来源在广东,要禁烟,须先在广东切断毒源。这一状况表明,对黄氏将禁烟重点从沿海扩大到内地,变为全国范围内的捕杀吸食者的司法行动的设想,支持者不多。

为什么有这么多的封疆大吏不同意黄爵滋的建议呢?以前人们都认为在鸦片战争前,清朝统治集团内部存在一个与鸦片走私利益有关的集团,他们是鸦片的弛禁者,严禁的反对者。这一说法似不合逻辑。因为一旦实行弛禁,鸦片成为合法商品,贩卖者负贩经营不再是违法,也就不必行贿买放了。弛禁,对于握有守关把卡之权的贪官来说,是不利的。因此,他们不赞成重治吸食者,应有别的原因。合理地推测,其原因可能是,黄氏建策的操作性有问题,即:如果按照黄氏的主张,在全国范围开展重治吸食行动,必将给司法和行政带来混乱，从而给封疆守土大吏平添不少麻烦。

清朝的律令是比较严格的。按照清朝的法律，杀一人须经县、府、省三级审理，由省一级判决后，缮写揭帖13份，送中央有关衙门，最后由皇帝勾决。若吸烟者诛，那么，如此之多的瘾君子，必然会给地方官以及属吏幕客带来巨大的工作量，而且这类案件很有可能牵涉巨室富户，那就不仅仅是工作量的问题，还会带来无穷无尽的麻烦。

道光帝在收到复议后，仍未明确表明自己的态度。他下令大学士、军机大臣会同有关衙门再作进一步讨论，向他报告讨论结果。道光帝的举措反映了他犹豫不决的内心世界：无论从道德风俗还是从国计民生考虑，都必须厉禁鸦片；但如果真的按黄氏的建策办，大规模地抓捕、处死吸食者，则有伤天朝的"仁慈"形象；至于严惩包庇，奖励告发，则会发生冤假错案。在具体执行上，让地方低级官吏确定谁与鸦片有染，从而处以酷刑，则意味着把一份极重要的社会责任交给了并不是十分有把握的人。他的真实想法当是对各种禁烟办法作了充分论证后，形成判断，作出选择，然后采取决定性行动。

道光帝下令加大禁烟执法力度

1838年12月的最后几天，道光帝突然宣布了一项人事任命，"特派"刚出任湖广总督不久的林则徐，

"驰赴粤省查办海口事件"。在连续19次召见林则徐后，道光帝于当年的最后一天令林则徐奔赴广东，办理禁烟事宜。这一事件表明道光帝要加大禁烟执法力度。

之所以说这是一项突然任命，一是道光帝还没有看到关于如何禁烟的更充分论证便作出了这一决定；二是这一人事变动并未经充分酝酿，便以降旨形式下达。

是什么事件促成了道光帝作出这一非常举动呢？

从当时留下的实录看，有两件事使道光帝感到震惊：

一是10月25日道光帝得到报告，庄亲王奕赍、镇国公溥喜在庙宇吸食鸦片，这说明烟毒已浸染皇室。

二是11月8日，道光帝得到直隶总督琦善的奏折，称其在天津查获鸦片13万两，并据烟贩供称：这些鸦片都是广东商人在海口购买，并从广州运来的。

就在获琦善报告的第二天，道光帝发出了要林则徐来京的特别圣旨。

这两个文件给道光帝以极大的震动，改变了道光帝对鸦片泛滥程度的判断，改变了他关于烟毒泛滥成因的认识。此前，他以为鸦片流毒主要是在南方的沿海地区，仅限于下层百姓，他不曾得到关于烟毒已渗入皇室和中央机关的报告。而来自广东的报告说，海口的鸦片活动在广东巡抚的组织打击下，得到根本遏制，鸦片贩子的经营活动已有收敛，市场流通的鸦片已主要不是洋烟，而是产于广西、云南、浙江、江苏、

安徽等地的土鸦片。经过大力整顿，这些地区的私种
罂粟情况也得到清理。但是琦善的报告则说明：广东
海口的鸦片交易活动仍然非常猖獗，且规模很大。这
证明广东的地方官员办事不力。

　　既然实际情况是如此，在道光帝看来，遏止烟毒
从海口流入仍是极关紧要的事。他确信，不是他以前
的禁烟办法不灵，而是办事官员不得力。既然要在鸦
片问题上开创一个新局面，就必须向广东派出一位办
事果断、勤政廉洁、富有经验的官员去任事，方能达
到目的。在道光眼中，林则徐正是具有这些品格的人，
定能担当此任。

 林则徐虎门销烟

　　林则徐，福建侯官人，出身于一个家道中落的望
族。到 1838 年时，林则徐已有出色的仕宦经历。1804
年他 19 岁时考中举人。随后任巡抚佐幕 5 年，接着在
京任 3 年多翰林院庶吉士。由于他处事果敢练达，得
到了较快的提拔，先后出任学政、江南道监察御史、
浙江道员、盐运使、（江苏）按察使、（江宁）布政
使、（河东）河道总督等职。47 岁时，即已位达巡抚，
5 年后又迁升总督。林则徐从政几十年，勤政爱民，廉
洁自律，业绩也不俗，在当时颇有廉官能臣的美誉。

　　在处理鸦片的问题上，林则徐力主严禁，而且态
度明朗，措施得力。在湖广任上处理贩烟食烟大张旗
鼓，不徇私情，而且成效显著。1836 年 6 月，当黄爵

滋提出重治吸食者时，他坚决支持黄氏的严禁主张，反对鸦片弛禁。他不仅从道德风俗上，而且从财政经济上提出，鸦片泛滥可能引起可怕的后果。但他认为，死刑是对吸食鸦片者的最严酷惩罚。烟民因道德病态而遭杀身之祸，会使"圣朝宽大"的形象受到破坏；但可以用死刑去威胁他，恫吓他除去恶习。他建议给烟民一个戒除烟瘾的期限。超过期限则要处予重罚。在戒烟期间，政府创造条件使烟民去瘾。他认为，广东要加强对烟贩的打击力度。虽然烟民到处都有，但关键在广州。对外国烟贩不可手软，处罚力度与本国走私贩同，要把外国的不法商人真正置于中国的法律管制之下。林则徐的主张得到了道光帝的赞赏，并实际成为道光帝制定海口厉禁政策的重要根据。

从林则徐本人来讲，他具有清白无瑕的经历和从未犯过错误人的那种强烈自信。在他眼中，他没有办不了的事。他自信自己富有德性，又讲原则且极具责任感。特别是他深感自己在风云莫测的官场中能屡被提升，位居封疆，全靠的是浩荡的皇恩。因此，有足够的证据证明，他想在当朝这个最棘手的问题上为"圣上"分忧，作出贡献。

1839 年 1 月 1 日，道光帝对他作出的非常任命通过一件上谕作了解释："昨经降旨，特派湖广总督林则徐驰赴粤省，查办海口事件，并颁给钦差大臣关防，令该省水师，兼归节制。林则徐到粤后，自必遵旨竭力查办，以清弊源。惟该省窑口快蟹，或以开设烟馆，贩卖吸食，种种弊窦，必应随时随地，净绝根除。"

"上谕"既公布了林则徐的责权，也暗示了道光帝在禁烟问题上不妥协的态度。

广东鸦片问题的严重性确实愈于内地任何一省。长期的鸦片走私贸易所编织成的走私网、贩运网、消费网，既密且牢。特别是在鸦片交易后面有英国殖民者的支持，这给林则徐所承担的使命平添了巨大的难度。

1837 年至 1838 年，英国的对华鸦片走私受到了一定程度的制约。这两年的鸦片实际销售数量，比他们所预期的少得多。还在 1837 年 6 月，大鸦片贩子查顿即在私信上表示，在广东的鸦片生意目前不好做，由于中国官吏搜捕私贩，本地的走私船只几乎绝迹，"我们只好尽力之所及，用欧洲船运到沿海去销售。但沿海一带中国水师的戒备也比以前严密了。9 月间一只鸦片走私船被击沉后，好些同样的船只不得不退回伶仃洋面，连一箱鸦片也没有卖掉"。11 月份查顿又说："由于中国官吏的密切注意，鸦片市场一天不如一天了"，目前唯一可行的办法是派遣更多的欧洲武装船只到沿海去兜销，或者寻找台湾那样的新市场。1838 年 1 月另一个大鸦片贩子马地臣也说："在过去十二个月中，我们的存物（指鸦片）市场起了一次彻底的革命，现在看不见走私船的活动了……此地卖出的有限数量是完全靠欧洲船只在沿海脱手的。"这一状况对苦于鸦片流毒的中国来说是十分可喜的，但对于迫切想在中国发财的英国商人是极其不利的。因此，从 1834 年始蜂拥而至中国的英国商人想方设法破坏烟禁，他们一方面是极尽所能冲决中国政府筑起的禁烟大堤，另一方面是运动英国政府增加对华（鸦片）贸易的关注，吁请提供必要的力量以保障这种贸易得以继续。

对于突破中国禁烟堤防，他们没有什么新办法，而是继续运用旧花招：一是扩大走私范围，地点从广东海面向北延伸至苏浙，甚至抵达山东、直隶，勾引内地烟贩上趸船验货、交款、取货；二是用贿赂手段收买主管官员和负责巡查缉私的水师将弁，贿赂办法有两种，一种是一次性交易付给官员若干钱，让官员允许通过其负责的关卡，另一种是干脆让官员以权力入股，参与分成。他们试图通过这两种办法将有关人员也捆到鸦片利益团伙中。但在全国严禁风声大作之际，这几种办法都收效不太大。因为所有官员都不愿为了一次性的利益而被摘去乌纱帽。

而对于吁请英国更加关注对华鸦片贸易，他们则要求英国政府派出更强有力的商务监督以支持他们的鸦片走私。

英国散商是一个有影响的利益集团，参与对华鸦片贸易的更是如此。他们利用英国工业资产阶级也极欲打入中国市场的渴望，在英国政府主管部门中游说，要求变革设立三位商务监督的体制，要求向中国派出的官员必须是精通中国问题，具有殖民经历，能倾听他们的意见，善于处理突发事变的人。英国政府接受了英国商业资产阶级的建议，委任义律出任商务监督，撤去任期未满的罗宾臣。英国外交部改组实行了两年多的原有三个驻华商务监督的机构，只设一个商务监督。

义律，出身于英国贵族。1815 年入海军，参与在印度及牙买加的殖民活动。1822 年升少校。1830 ~ 1834 年在英属殖民地圭亚那充任高级官员，积累了不少殖民经验。1834 年随律劳卑来华，充任第三商务监督。他积极支持英国商人巩固和扩大对华鸦片贸易，不满德庇时、罗宾臣的对华策略。他被英国资产阶级推上具体主管对华贸易官员的位置后，对英国经营对华贸易商人的意见言听计从。他鼓励走私英船公然张挂英国国旗，纵容单桅和双桅纵帆式快船也参与走私行动。1837 年他试图利用与中国交涉驱逐 9 名烟贩的机会，与清政府直接交涉，达到增开口岸、巩固和扩大鸦片贸易的目的。当这些企图没有得逞时，他竟要求英国政府对华使用武力，进行恫吓。1838 年 7 月，东印度舰队司令马他仑奉命率领兵舰"威里斯立"号和"亚尔吉林"号进逼广州，搞武装挑衅。由于中国禁烟声势浩大，且加紧了对海防的整顿，马他仑无机可乘，悻悻然退出广州。

马他仑率船来穗，向中国政府发出了这样一个信号：为了保护鸦片贸易，拓展中国市场，英国将不惜动用武装力量。

1839 年 3 月，林则徐从北京赶到了广州。从此，他揭开中国反毒品历史的新一页，也将揭开中国历史的新一页。

当林则徐尚在北京及在赴穗的途中时，就指示广东方面的官员继续大力打击贩烟、吸烟，要两广总督邓廷桢和广东巡抚怡良开展对城乡鸦片贩销烟点的调查，以便取得第一手资料，从而从根本上解决国内问题。

林则徐深知，鸦片流毒中国的历史有一二百年，扫毒的历史从 1729 年算起也有 110 年。之所以成效不太大，原因有二：一是法不当，二是禁不力。因此，对他来说，要完成道光帝交给的非常使命，就得寻求非常办法，付出非常力气。

林则徐到达广州后，充分利用已有的基础、成果，依靠地方官员的合作、地方士绅的支持来开展禁烟活动。他将处置中国烟贩、烟馆的司法责任交给邓廷桢、怡良，发动大规模的舆论攻势以威慑贩运者和吸食者。由于地方官员的大力支持，1839 年以后一年的禁烟行动取得了较大成效，据林则徐自己的描述：自 1839 年 5 月 13 日至 1840 年 6 月 28 日，共查获烟案 890 起，捉拿人犯 1432 名，截获烟土 99260 两、烟膏 2944 两，抄获烟枪 2065 杆、烟锅 205 口；另又检获或民间上缴烟土 98400 两、烟膏 709 两、烟枪 16659 支、烟锅 367 口。仅从鸦片烟土、烟膏的数额看，总成绩是 20 多万两。这是国内的司法行动。

林则徐自担对付外国鸦片贩子的责任。1839 年 3月 18 日，即他到达广州的第八天，他召见行商，颁下一道严谕，要他们责成外国商人呈缴鸦片。三日之内将趸船所贮的数万箱鸦片悉数交出，并出具甘结；声明外国商人以后再夹带鸦片，一经查出，"人即正法，货即没官"。林则徐在给各国商人的谕令中，公开宣称："若鸦片一日未绝，本大臣一日不回，誓与此事相始终，断无中止之理。"

三天过去了，外国商人并没有遵守中国政府的法令。他们仍然认为这次禁烟不过是以往禁烟的继续，不会有什么太大的压力，最多是多付一些贿银。他们没有将林钦差的命令当回事。但林则徐从来是办事认真、严谨的。他步步进逼，毫不放松，并把矛头从对准行商逐步转向对准外国商人。

3月21日，他通过行商传谕：他将于第二天去行商会所，将一两名行商开刀问斩。结果外国商人同意交出鸦片1037箱。

3月22日，林则徐得知被清政府明令驱逐的大鸦片商颠地在广州商馆鼓动拒交鸦片时，下令传讯颠地。

3月24日，林则徐得到义律帮助颠地逃跑、拒缴鸦片的报告，作出中止中外贸易、封锁商馆、撤退仆役、断绝供应的决断。

经过巨大努力，林则徐终于迫使义律于3月28日向中国政府交出鸦片20283箱。

随后林则徐恢复了中外贸易，解除了对商馆的封锁，准许仆役回商馆工作，只对包括颠地在内的16名大鸦片贩子实施暂时扣留，待他们具结，作出以后不来中国的保证后，才于5月24日允准他们离开广州。

1839年6月3日，林则徐根据道光帝的谕令，在虎门就地销毁了外商缴出的鸦片。事先，林则徐令在虎门海滩上先挖两个15丈见方的池子，池底用石条铺平，四旁栏桩钉板，以免渗漏，前面设一涵洞，后面通一水沟。销烟时由沟道车水入池，撒盐成卤，然后将鸦片烟箱劈开，将鸦片团逐个切成四瓣，投入卤中，泡浸半日，再将烧透的石灰纷纷抛下，顷刻池水腾沸，"浓油上涌，渣滓下沉，臭秽熏腾，不可向迩"。销烟的兵弁立在跳板上，用铁锄耙来回翻戳，直到鸦片颗粒悉化，等退潮时，启放涵洞，随浪送出大海。销烟持续 20 多天，直至 25 日，才将这批重量约为 237 万斤的鸦片化成水浆，流入大海。

虎门销烟是中国历史上的一件大事。它不仅表明林则徐在广东创造了他的前辈、同僚创造不了的业绩、辉煌，更重要的是表明面对西方殖民势力，优秀的中国人敢于用传统武库中的武器与之抗衡。

四 英国发动侵华战争

 鸦片烟贩的战争叫嚣
与英政府的侵华决策

林则徐的禁烟行动打碎了英国榨取中国和印度财富的那条连环式锁链。鸦片不能运销，种植和制造业都将萎缩。没有鸦片收入，英国就无法掠夺中国的白银以换取茶叶和生丝，也将影响印度对英国纺织品的购买力，从而使英国政府丢掉巨额税收，使英国鸦片贩子、茶丝商人和纺织资本家丢掉巨额利润。况且，在1839年1月间就已有5万箱印度鸦片准备销售，其中一部分已经运到中国，另外一部分正准备挤进中国市场。中国卓有成效的禁烟运动无异于打掉了他们的金饭碗。

中国正义的禁烟行动在英国商界和工业界引起了强烈反应。拥有自己的舆论阵地，且热衷于请愿活动、游说活动的英国资产阶级立即开动宣传机器，恶意地攻击中国的禁烟政策和禁烟行动。他们诬蔑中国的禁烟是"暴行"，把搜缴毒品说成是"强迫英国人交出财产"，说"英国国旗、英国女王的臣民的人格受到了污辱"，努力试图激起普通英国公民对中国的仇视，引导英国政府作出侵华决策。

最值得注意的是与鸦片贸易有关的那些商人的活动。他们早在 1834 年就在广州成立了一个侨商公会，以大鸦片贩子马地臣为理事长。马地臣一方面活动工业界"关注英国人在中国所受的委屈"，另一方面亲自著书立说，写成《英国对华贸易的现状和展望》，鼓吹中国市场是如此广大、富有购买力，一旦被打开对商界和工业界是怎样的有利，借以吸引和争取与中国市场有利害关系的英国资产阶级的支持。1836 年，他们运动工业界向政府施加压力和影响，促其采取措施扫除所谓中英商务贸易的障碍。同年，他们又与曼彻斯特商会、利物浦印度协会、格拉斯哥印度协会联合上书英国政府，要求保护对华（鸦片）贸易，使旅华英商免受中国政府的"虐待和侮辱"。

当中国的禁烟消息通过义律的报告传回英国后，英国资产阶级没有为鸦片的损失而难过。相反，他们为找到了战争借口而欣喜，叫嚷中国"给了我们一个战争的机会……使我们可以乘战胜之余威，提出我们自己的条件，强迫中国接受"，"对于中国和对于一切软弱的政府一样，勇敢地施用暴力，可以收到意外的效果"。

1839 年 8 月，伦敦的商业资产阶级和工业资产阶级联手，由印度和中国协会出面，召开紧急会议，策划怎样挑起战争的问题。大鸦片贩子拉本德和刚从中国溜回英国的颠地共同主持会议。会后，他们还拜会了英国外交大臣巴麦尊，向他汇报中国的虚实。

颠地是当时旅华侨商协会的头头，在策动战争方面十分活跃。他以见证人的身份描述中国政府是如何的"野蛮"。这本是一派谎言，却使许多不明真相者相信他所描述的一切是真实的。他伙同查顿、马地臣、胡塞一起筹集活动经费，向英国官员、议员、报纸游说。1839年9月底，他们终于获得外交大臣的接见和支持。

1839年10月1日，英国召开内阁会议，讨论侵略中国的问题，巴麦尊根据查顿提出的主意，建议派军舰封锁中国沿海港口，索回缴出的鸦片烟钱。会议决定发动侵华战争。这一决定由巴麦尊于10月18日密传义律，指示他准备在第二年的3月间，本季商务结束后，开始进攻中国。

1840年2月，英国政府任命曾任印度总督、英国好望角舰队总司令官的乔治·懿律和查理·义律为正副全权代表，并任命懿律为侵华英军司令。4月，英国政府组成了一支包括由540门大炮装备的48艘舰船和4000名士兵的所谓"东方远征军"。英国政府给他们的指示是：第一步封锁珠江口，然后占据舟山群岛，再北上天津，胁迫清政府接受赔偿烟款、割让岛屿、开埠通商、协定关税、领事裁判权等条件。如果得不到满意的答复，就进一步扩大侵略战争。

战争悄然降临到无辜的、爱好和平的中国人头上。

 清政府对时局的错误判断

英国政府为保护对华鸦片贸易会不惜动用武力。

这是在东印度公司主持对华事务时就已确定的政策。此后，英舰不时闯入珠江口，或为恫吓，或为炫耀，均表明了这一点。

清朝的最高决策者是否捕捉到了这一信息呢？一位美国历史学家根据道光帝"颁给钦差大臣关防，令该省水师，兼归节制"的训令，断定"其意义可看作是，如有必要，准许林则徐采取军事行动"。他又说："道光帝和林则徐讨论这种可能性，不过他们不习惯于用'开战'这个概念，即现代意义上的正式宣战……如果形势需要，他可以动用武力。"

事实绝非如此。因为1839年1月1日的上谕明确告诉林则徐到广东后的责任范围仅限于"竭力查办（鸦片），以清弊源"，而没有对外作战的军事使命。道光帝让林则徐节制水师，不过相当于今天让他指挥武装警察，便于对鸦片贩运团伙采取大规模的打击行动。

道光帝没有考虑过中国的禁烟行动会引起英国政府怎样的反应。认真阅读道光帝在1838年10月间得到的29份关于对黄爵滋奏折讨论的复奏，我们发现当时的封疆大吏也基本上没有谈到英国会作出怎样的反应。

这究竟是为什么？难道是一种疏忽？

显然不是，因为英国是鸦片走私的主犯，这在当时的广东当是妇孺皆知的常识。在朝廷中也有许多人明白，"今入中国之鸦片，来自嘆咭唎等国"，并了解"其国（英国）法有食鸦片烟者以死罪，故各国只有造烟之人，无食烟之人"。

合理的推测应是当时清政府不屑于提及英国。这是由清政府对国际事务、世界大势无知而导致的。由于这一无知，道光帝没能看到英国的阻挠是中国禁烟失败的根本原因。所以他围绕禁烟的一切考虑、所采取的措施都被限定在国内事务的范围。当殖民者携着坚船利炮闯入国门，要用血与火、刀与剑维护其罪恶的鸦片贸易时，清政府的应战陷入空前的被动和仓促之中。

清政府有自己的"世界秩序观"。它没有完整意义的对外政策。如果说清政府有一套处置对外关系的办法，那么这一办法是建立在这样一种基础上，即：中国在战争中绝对处于优势地位；中国文明在世界上是独一无二的，它善于使外来民族"开化"；它拥有外国人赖以生存的贵重商品，从而使外国商人接受中国的贸易体制。这一基础如果在18世纪中叶以前是一种实际存在的话，那么到了19世纪30年代则成了明日黄花。但是道光帝并不愿意接受这一事实。

1838年底前后，京城中存在"边衅"的议论。从当时的周边形势来看，"边衅"很可能就是指中英间因鸦片问题而引起的纷争和冲突。道光帝是不愿看到边衅的。虽然他不认为清朝不能打胜一场战争，但他确实不愿看到战争和动乱。可以推定，道光帝颁给林则徐的训令当是：鸦片务须杜绝，边衅决不擅开。正是这一矛盾的训令把林则徐推向了一种极其尴尬的境地。

与其他人不同，林则徐作为身负重任的钦差大臣赴广州后，面对实际，对于鸦片交易、走私相关的问题有了更多、更深刻的认识。在与中外烟贩较量中，他开始有了关于英国的若干知识，以及英国对中国禁烟可能作出反应的种种设想、猜测。但他认为，英国人不敢轻启边衅。在他 1839 年 5 月 1 日的奏折中，有这样的分析和判断："到省后察看夷情，外似桀骜，内实惟怯。向外恐开边衅，遂致养痈之患日积日深。岂知彼从六万里外远涉经商，主客之形，众寡之势，固不待智者而决。即其船坚炮利，亦只能取胜于外洋，而不能施技于内港。粤省重重门户，天险可凭，且其贸易多年，实为利市三倍。即除却鸦片一项，专做正经买卖，彼也不肯舍此马头。"结论是不可能发生边衅。

林则徐低估了英国政府。

英国资产阶级通过 1813 年的议会斗争，终于确立了自己在英国政治舞台上的地位。他们为了扩张自己的阶级利益，已有动员一切力量的能力，甚至可以发动对外战争。

英国是一个老牌殖民帝国。在以往的争夺殖民地的战争中，已积累了丰富的对外作战经验，建立了一支能适应远距离作战的武装力量。随着工业革命的发展，这支武装力量的体制编制和武器装备得到了根本改善，拥有了超过中国几倍甚至几十倍的战争能力。在 19 世纪上半叶，欧洲约有 200 万常备军，英国即约有 20 万，占 1/10。在兵役上实行征兵制、雇佣制；设立军事学校以培训军官；在编制上已有军、师、旅、团、营、连等现代建制；在武器装备上，各兵种都装备了用生铁和铜铸造的各种滑膛枪、滑膛炮。火炮的性能已经十分先进，当时普遍采用的加农炮、榴弹炮和臼炮有效射程均达1000多米。机动性也大大增强，适应于各种形式的作战。火枪虽然差些，但有效射程也达300米左右，远胜于当时清军的最好装备——火铳。英国的海军优于陆军，装备了蒸汽机的舰船可以不受风向和水流的影响。战列舰有二至三层甲板，分别配置有70～120门火炮，发射32磅炮弹，舰首和舰尾装有可发射56磅和68磅实心弹的加农炮。到1836年，英国约拥有大小舰艇560艘，具有了丰富的海战和登陆作战的经验，成为称霸世界的海军强国。在殖民主义支配世界的年代，只要英国想打，封建国家取胜的可能性就很小。

义律在广州的挑衅

　　林则徐也低估了义律。义律绝不像他的前任德庇时、罗宾臣之辈。他是一个处心积虑想用武力尽快打开中国市场的人。他来到中国后，以殖民者的架势阻挠中国的禁烟执法，制造麻烦，进行对抗，引导英国政府作出对中国动用武力的决策。

　　1839年4月，即中国的缴烟工作开始时，义律即向英国外交大臣报告："在中国英商的财产受到劫夺"，林则徐在广州"制造暴行"，要求英国政府速派兵力前来中国，"使用足够的武力"对中国进行"迅速而沉重的打击",勒索赔款,并迫使中国"正式把舟山割让给英王陛下",等等。

开展缴烟执法后,中国政府本是要英商个人把走私进关的鸦片交出来,但义律在商馆却以英国政府名义要求本国商人将鸦片交给他,由他转交中国政府。同时他以驻华商务监督的身份给林则徐送去"禀帖",蓄意将中国针对境内外国人的反走私行动,改变成中英两国官员间的交涉、矛盾。义律还嗾使商馆里的其他国家商人集体签名给林则徐写信,要林则徐有事找他们的领事、总管办理,绕过行商、商会,把中国政府推向与商人所在国政府直接交涉的位置。义律此举显然是在为发动对华战争作铺垫。

林则徐在 1839 年 3 月来到广州后,逐渐了解到鸦片泛滥中国,根源在于不法商人的走私偷运。在他看来,收缴鸦片是遏流,而远非清源。在传谕英国商人呈缴鸦片的同时,他明令违法商人出具甘结,声明以后来船永不带来鸦片,"如有带来,一经查出,货尽没官,人即正法,情甘服罪"。他向外国商人立誓:"若鸦片一日未绝,本大臣一日不回,誓与此事相始终,断无中止之理。"有些守法商人表示愿意服从中国法律。然而义律坚决禁止英商具结。5 月份,他两次下令所有英船离开广州,前往澳门,不许进入广州,表示抗拒中国的执法行动。11 月份,有些英商希望减少货物因漂泊受潮而造成霉变损失,要来广州具结,义律竟派舰船到穿鼻洋拦截,力图推动矛盾升级,为发动战争制造气氛。

义律反对中国政府把不法商人置于中国司法的管辖下。不仅如此，他还公然要在中国广州确立治外法权。1839 年 7 月 7 日，英国水手在九龙尖沙咀酗酒滋事，殴伤村民林维喜，林维喜次日因伤重死去。根据中国的法律，杀人者偿命。中国政府必须追究凶手的责任，以维护法律尊严。但当林则徐谕令义律交出凶手时，他拒绝交凶。他在英船上自立法庭，判处滋事行凶水手监禁 3～6 个月，罚金 15～20 镑，以图帮助凶手逃避中国的审判。林则徐面对义律的霸道，被迫作出进一步反应：命令切断对澳门英商馆的农产品供应，同时让葡萄牙人逐英人于澳门之外的洋面。林则徐此举类似今天的经济制裁、驱逐出境。义律老羞成怒，竟派船队进逼广州附近的九龙，向驻守在这里的中国船队开炮轰击，公然使用武力。这是英国殖民者向中国发出的战争信号。

林则徐的御敌固防措施

虽然林则徐并不清楚一场战争就要降临，并把来自各种渠道的战争信息看成谣言或恫吓，但他为了对付日益升级的冲突和中英摩擦，仍作了强固海防的准备，重点是加固要塞，增加要塞的抗击能力。

林则徐根据对海口要塞的调查，认为："中路要口，以虎门为最"，次即澳门，又次即尖沙咀一带，其余外海内洋相通之处虽不可胜数，然多系浅水暗礁，只足以行内地之船，"夷兵船不能飞越"。因此，从

1840 年 1 月至 6 月底，他重点加固了上述数处，在九龙新建炮台两座，安炮 56 门，配置于附近山梁，守兵 800 名；在澳门一带派驻兵勇 1300 名；在虎门各炮台备兵 2000 名，配炮 300 余门；在狮子洋一带集结水师船 20 艘、民船 46 艘，预备火船 20 余艘，设兵勇 2000 多人。

林则徐虽估计敌船难于飞越天险，但仍作了英舰闯入内河的最坏打算。在由外洋入内河的几重门户中，虎门的上下横档一带是最险的一重门户，其次在武山脚与上横档之间。关天培此前接任广东水师提督时曾在此启动创设木排铁链的工程，但未竣工。林则徐使粤后，积极支持此工程，使其得以告竣。排链共设两道：第一道在武山脚与饭箩排之间，长 309 丈；第二道在武山脚与上横档之间，长 372 丈。铁链两端固定在山脚，木排则用几十道铁箍扣在铁链上，浮在水面，"无事时则中间常开，以通出入；如须防堵，则关闭甚速"。林则徐认为："即谓夷船坚厚，竟能将铁链冲开，而越过一层尚有一层阻挡，亦已羁绊多时，各台炮火连轰，岂有不成灰烬之理。"

林则徐还设想过英军登陆作战的情况。他认为，英陆军"除枪炮外，击刺步伐俱非所娴，而脚足裹缠，结束严密，屈伸皆所不便，若至岸上更无能为，是其强非不可制也"。这显然是不切实际的臆测。林则徐设想：假如英军弃船越塞登陆作战，他将利用民众进行袭扰。具体的做法是募勇和团练。募勇主要是招募渔疍人家，让受募者集中训练以掌握若干军事知识，作战时可令前驱，配合作战以弥补清军兵力的不足；团练主要在沿江近海英军容易登陆滋事的地方，允许各家聚丁操枪，守望相助，杀敌保家。

林则徐的固防措施主要是对现有工事的加固，新建不多；同时对兵员不足之处增派兵员。如虎门要塞原有炮台9座，守军590名，林则徐于1840年在此添置了装备，配置了西方铜炮和精制铁炮。

林则徐的作为表明他此时已定下了"以守为战，以逸待劳"的制敌方略。他也曾说："无论该夷有无兵船续至，即现在之吐嘧、哗呲两船未去，度其顽抗之意，妄夸炮利船坚，各夷舶恃为护符，谓可阻我师之驱逐。臣等若令师船整队而出，远赴外洋，并力严驱，非不足以操胜算。第洪涛巨浪，风信靡常，即使将夷船尽数击沉，亦只寻常之事。而师船既经远涉，不能顷刻收回，设有一二疏虞，转为不值，仍不如以守为战，以逸待劳。"在这里，林则徐承认了中英两国水师战力之差距，说明了他采取"以守为战，以逸待劳"方略的出发点及理由。

林则徐的固防力度与他对英国的认识及对英国政府是否会发动侵华战争的判断有密切的关系。虽然他对日益逼近的战争危机作了不正确的判断，但他仍不失为当时国人中对英国乃至西方的认识、了解最为深刻的人物。范文澜先生称其为"睁眼看世界的第一人"是符合实际的。林则徐到粤后感到要查禁英商走私，了解英商及英国的反应是必须要做的。为此，他聘了4位翻译，终日为他翻译英文书报，搜集有关对中国禁烟反应的情报。他因此了解到了英国的地理位置、面积、人口、军力、产业。他甚至知道英国国内对向中国走私鸦片也有不同意见，英国女王曾有本国商人要尊重中国法律规定的言论。正是基于这些情报，他判断义律和鸦片走私商的行动不可能得到英王支持（为此，他散发了一封致英王公开信，从道义上恳求她制止鸦片贸易）。他认为，英国政府不可能冒着中断持续了近 200 年的对华贸易的危险，而对中国发动战争。

五 英军首次北犯与清军定海抗敌

英军北犯

1840 年 6 月中下旬，英国从本土派出和从印度基地调来的海陆军相继到达中国海域，集结待命。6 月 28 日英国远征军总司令兼全权代表懿律率由南非等处调遣的舰队驶到。此前，英国远征军海军司令伯麦已从印度赶到。英国此次投入对华侵略行动的有海军战舰 16 艘、武装轮船 4 艘、运输船 27 艘，陆军 3 个团，海陆军总兵力 6000～7000 人。

英军在从英国本土出发前，已根据政府训令，制定了极为详细又留有余地的作战方案：①到达广东海面后，立即封锁珠江口，扣留一切中国船只，由于广州距北京太远，所以不在那里进行任何陆上军事行动；②封锁珠江口之后，立即北上，封锁钱塘江口、长江口和黄河口，占领舟山群岛最适于建司令部以便长期占领的岛屿；③前往北直隶湾（即渤海湾），递送《巴麦尊子爵致中国皇帝钦命宰相书》，以武力为后盾，与清政府进行谈判，逼迫其接受英国政府提出的关于道歉、赔款、割地、通商等要求；④如果清政府拒绝谈判，或者谈判决裂，海军司令就应根据他所指挥的兵力，采取最有效的办法进行更加活跃的敌对活动，"一直等到中国全权代表签下足称满意的协定，并由皇帝诏准该协定的时候为止"。训令还给全权代表"保留广阔的自行决断的余地"。

这一训令与1839年大鸦片贩子查顿向巴麦尊上书提出的侵略方案如出一辙，说明英国政府在不折不扣地贯彻鸦片贩子的意图。对中国发动侵略战争，已从鸦片贩子的团体愿望变成了英国的政府决策。

英国侵略军在虎门口外的洋面集结完毕后，立即投入行动。他们仅留下英舰4艘、武装轮船1艘以封锁珠江口，其余继续北上。

英军兵分两路：一路由伯麦率领直取舟山；另一路由懿律统率先取厦门。

7月2日英舰驶抵福建海面。懿律以递送《巴麦尊子爵致中国皇帝钦命宰相书》（后简称《巴麦尊致中国宰相书》）副本为名，派舰长包诅率"布朗底"号军舰闯入厦门港。

厦门是福建的重要门户，远控台澎，近接金门，水上交通相当发达。厦门及附近各岛驻有清军水师850名，陆兵800名，另水勇300多名，在新筑炮墩及旧炮台内共有大炮280多门。

7月2日英舰强行入港，派出一名少尉军官偕翻译划着小船递交照会副本时，遭到岸上清军拒绝。次日包诅再次派出舢板强行靠岸投递，又遭清军拒绝。英船遂发炮轰击，使厦门炮台和民房数处受损。包诅见厦门守军拒绝接受照会副本，便将其留在沙滩，退出厦门港，北上追赶舰队。其时，福建文武负责官员全不在厦门，防御疏懈，受到小挫。事后，福建水师提督等人赶到，竟谎报战绩说，守军打死英兵多名，击退英船。由邓廷桢据以上奏后，道光朱批："所办好。"

 ## 清军定海抗敌

定海为浙江一县，县治设舟山。舟山是英军北上指定要夺取的目标之一。6月30日伯麦所率英军即抵舟山南端，7月2日驶抵定海南道头港，他们派出轮船两艘，进行海面侦察和水道测量。

舟山是中国第四大岛屿，位于杭州湾东南，扼苏、浙、闽三省海面，具有极重要的战略地位，清初在岛设县，置水师三营以驻守。定海县城东、北、西三面都有山峦环抱，城南二三里即道头港，其吉祥、竹山、大渠三口，为外洋入港门户。道头港以南有大小五套山、大小盘峙山、大小渠山等岛屿罗列海中，城南设炮台1座，安设火炮8门，配兵50人防守。

7月4日，伯麦率英舰数艘闯入定海水域。清军水师竟以为是来售货物的夷船，未能发现这是一支侵略军，因此没有十分在意，也未予拦截。知县姚怀祥登舰询问来意，伯麦交给他一份事先准备好的中文照会，限次日下午2时前投降，将所属海岛、炮台一律交出，否则开炮轰城。姚怀祥返回后，立即会同文武官员商讨对策，决定水陆分守的策略：由总兵张朝发将各营及水师齐集港口防堵；知县姚怀祥率兵千余守城，坚壁待援。二人约定："在外者主战，战虽败不得入；在内者主守，守虽溃不得出。"

7月5日下午，英军见清军拒绝投降，遂命令"威里士厘"号等4艘军舰向海口炮台开炮轰击。张朝发组织力量进行抵抗。由于英舰大炮多、射程远、威力大，9分钟后清军水师即遭受严重损失，失去抵抗能力。张朝发受伤，遂率部向镇海方向退却。英军在舰炮掩护下登陆，攻占了定海城东南的关山炮台，并连夜炮击定海县城。6日凌晨，英军攻破东门，知县姚怀祥出北门投水自尽，守城兵勇溃散，英军占领定海县城。

战争终于打响。

定海之战，是中国近代史上第一次丧师失地的战斗。此次作战失败，原因主要是清朝对外来侵略的紧迫性未能作出正确判断，因而沿海戒备不周，给了敌人乘虚袭取的机会。诚如时人夏燮在《中西纪事》中所说："当日之误，误于浙洋之全无准备，豕突而来，措手不及。"其次，定海清军事先疏于戒备，临战又互不协同，以致一遭炮击即兵溃城陷。

英军继续北犯与中英
大沽口交涉

定海失败后，沿海各地才真正着手部署备战，主要的做法都没有超出林则徐在广东的作为，不外是加固原有战略据点的炮台、营垒，增添大炮，加紧从腹地向沿海调兵，以补足要塞兵员。直到此时，清朝统治者仍把这支夷兵当做海盗贸易者，而未能看到这是一群殖民者、征服者。

然而在专制时代的中国，"礼乐征伐自天子出"。也就是说，战与不战这样的决策只能由天子道光帝作出。但是在主要通讯手段不过驿马传递的年代，当朝皇帝无论如何也不可能对近代战争作出快速、准确的反应。鸦片战争中清军出现的许多混乱都与此有关。

在战争发生后半个多月时间，道光帝尚未形成对时局的清醒认识，仍据林则徐、邓廷桢的报告，认为是售烟图利的小股英夷，或是要求开埠通商的英国商贾；直到 8 月 6 日才得知：占领定海、进逼镇海的是大股英军。于是他在当天作出决策，令两江总督伊里布为钦差大臣，前往浙江主持军务。

道光虽然作出了征剿的决策，但他仍不明白英军举兵的动因，因为他本人极不愿再见到战争。当时他让林则徐赴粤禁烟即是在"鸦片务须禁绝，边衅决不可开"的两难思虑中作出的决策。现在他虽仍不清楚边衅已开，但已隐约感到有了麻烦，因此迫切想了解英军举兵的真正原因。

英军占领定海后，委任管理军民事务的官员，准备长期占领；同时派出军舰、轮船各 1 艘，封锁甬江口；另以舰船 5 艘，前往长江口进行测量侦察；其余舰船则进行北犯渤海湾的准备工作。

20 天后，英军北犯准备已经就绪。7 月 28 日懿律和义律率"威里士厘"号等舰船 8 艘，驶离舟山群岛北上，8 月 5 日过山东半岛成山角，6 日越过大小竹岛、高山岛和鸡鸣岛，侵入渤海湾，9 日进迫大沽口外。

天津为直隶总督的驻地。总督琦善在接到闽浙、两江等地督抚的咨文后，得知英军北犯，于是采取一定的防范措施：在天津以北各小口派出得力将领坐镇指挥，自己亲赴海口，并令地方官"暗备火箭器械，岸炮与火攻并举"，动员民众暗相保护。

根据道光帝 8 月初的上谕，即"倘有桀骜之情形，即统率兵弁，相机剿办"，琦善曾有抵抗的谋划。后他又接上谕："督饬所属严密防范，临时仍相机办理，如该夷船驶至海口，果无桀骜情形，不必遽行开枪开炮。倘有投递禀帖情事，无论夷字汉字，即将原禀进呈。"所以在英军抵海口后，琦善没有作出抵抗行动。他即日派出游击罗应鳌前往大沽口外，探询英方企图。8 月 17 日，又派千总白含章前往英舰取回禀帖并上奏进呈给了道光帝。

8 月 19 日，道光帝读到了这份禀帖——《巴麦尊致中国宰相书》。

《巴麦尊致中国宰相书》全文约 4000 字，开头说："兹因官宪扰害本国住在中国之民人，及该官宪亵渎大英国家威仪，是以大英国主，调派水陆军师，前往中国海境，求讨皇帝昭雪伸冤。"巴麦尊书信指控林则徐在广东的禁烟活动，并向中国提出了五项要求：一是赔偿被焚鸦片烟价；二是中英平等外交；三是割让岛屿；四是赔偿商欠；五是赔偿军费。

接受禀帖的举动和这件文书的内容对经手此事的一君一臣产生了巨大影响。对于琦善，通过与英军接触，感受到了面对的"蛮夷"是一群不好对付的陌生人，他们船坚炮利，清军确实不是对手。过去他是一个坚定的主剿者，此举后，进剿的信心大为降低。虽然他不敢言抚，但对于备战已缺乏此前的积极性。对于道光帝，通过禀帖，他已真切地了解到英国人是来要求"伸冤"，要求"赐恩"的。就前者，他觉得如果林则徐确有不当举措，他可以满足他们；就后者，他觉得英人的要求荒谬无理，不难严词驳斥。基于这一情况，他判断北上英夷不过是"负屈"的外藩前来告状。既然如此，又何必言剿呢？

在处置外藩的策略库中贮存了剿和抚两种策略。不言剿，就言抚。8月20日道光帝向琦善发出了"驭夷"指示：对于外藩"冤抑"，告以逐一查访，以折服其心；对于种种要求，予以驳回。大皇帝由于"祖制"、"成规"不予施恩。同时让琦善向英夷明宣圣谕，表明他对"所求昭雪之冤……必当逐细查明，重治其罪。现已派钦差大臣驰往广东秉公查办，定能代申冤抑"，要懿律等"著即返棹南返，听候办理可也"。这两道上谕明示道光要以牺牲林则徐来实现"抚"局。

看来道光帝的判断与英国政府的真实要求相距太远了，他对浸浸东进的英国殖民者太不了解了。他以为惩处了林则徐就能换来和局，真是大错特错。

8月22日琦善收到了道光的上述两道上谕。他很快传知给英军。此后的一段时间，琦善不断据理辩析，劝懿律等南返。9月15日，英军竟真的同意了。

英军南下的原因有二：一是长达一个多月的交涉毫无实质性结果，这对没有基地补给的英军很不利，且对北方的军情、地理均不熟，不便贸然进攻；二是懿律根据9月13日琦善所发当日第二道照会判断，清政府愿意就巴麦尊所提要求到天津以外的广东去谈判，这是他所希望的，且其时季节已晚，季风将要过去，懿律作出了借机南返的决策。

英军南下的举动给道光造成了错觉，以为他的羁縻的策略已获成效。为此，他令琦善在料理完大沽口的事务后，"驰驿前往广东，查办事件"。为行事方便，他任琦善为钦差大臣，兼署两广总督，查办此务。对林则徐、邓廷桢以革职处分。同时，为节省军费，命沿海各省酌撤防兵，为避免"误会"，命英军所经各省，不必开枪开炮。

六 广东军民的抗英斗争

 广州和议破裂

1840年11月底,义律(此时已接替因病去职的懿律成为全权代表)、琦善相继到达广东,12月初开始谈判。起初他们的谈判是以来往照会的形式进行的,因为琦善拒绝义律提出的当面会谈。

双方分歧太大注定了会谈不会有结果。

根据《巴麦尊致中国宰相书》,英国政府向清政府提出的要求是五项。但根据1840年2月20日巴麦尊发给懿律和义律的第1号训令,则不止这些,除这五项外,还有:①中国开放广州、厦门、福州、上海、宁波为通商口岸;②未付清的赔款以年利5%计息;③条约被中国皇帝批准后,解除对中国沿海的封锁,赔款全部付清后,英军撤离;④条约用英文和中文书写,一式两份,文义解释以英文为主;⑤条约在规定期限内由双方君主批准。无疑巴麦尊的训令要比他的致中国宰相书苛刻得多。

但是按照道光帝的算盘,中国政府愿意接受的底线是惩办林则徐,准许英人在广州恢复贸易,赔偿部分被焚鸦片损失，中英官方文件来往用"照会"，除了第一项和最后一项外，前述两项不过是恢复 1841 年 3 月前中英关系状态。

将上述双方的意见进行比较可以看出，清政府出价只不过是满足了英方要求的皮毛。

笔墨官司进行了一个多月以后，1841 年 1 月 5 日，义律搬出巴麦尊训令中的杀手锏，照会琦善，表示要"依照兵法办理"。

琦善从 1840 年 8 月天津交涉以来，虽然对英国的了解远比其他清朝官员多，但他像林则徐和道光一样，并不明白英国人发动战争的目的是要把中国纳入其全球贸易体系，同时也以为持续了数百年之久的中英贸易关系对于英国的生存是必不可少的。因此，他把准许通商作为和谈底牌紧紧攥在手里，认为凭这点就能左右局势，对义律的杀手锏并不十分在意。

英军袭击沙角、大角要塞
并强占香港

1841 年 1 月 7 日，英军集中优势力量发动了对虎门口的沙角、大角两要塞的袭击。

虎门是当时清朝所营造的最强大的海防要塞。它由三重门户构成，配备 9 台、10 船、426 炮、2028 人的防御力量。1839 年虎门增建工程完工时，钦差大臣林则徐曾奉旨检查了工程质量，对关天培这位水师提督经营了数年的防卫体系表示满意。然而这一防御体系

是以敌人驾舰溯河而上为假设的，倘若敌人不急闯虎门，而是迂回直攻炮台，那么三重门户实际上成为互不相连、孤立无援的三个据点。1 月 7 日英军就是采用这种战术，发动了对沙角、大角炮台的攻击。守塞将士以高昂的士气与敌人展开了殊死战斗，终因寡不敌众，腹背受敌，使要塞陷入敌手。此战清军付出了战死 277 人、伤 462 人的巨大牺牲；而英军受伤 38 人，无一死亡。

义律进攻虎门是为了加重谈判桌上的筹码，威胁琦善、关天培。1 月 8 日英军不仅没有继续往上游推进，还发出了停战议和的信息。

前线战败使琦善意识到自己并无依恃，于是乱了方寸。1 月 11 日，他不顾身份与权限，擅自作出重大让步。他照会义律表示愿意"代为恳奏"，"予给口外外洋寄居一所"；同时"代奏恳恩"广州开港恢复贸易，条件是英军归还舟山，撤出沙角、大角两处。

义律为了急于表功，把琦善的"代奏"当做"圣裁"，将琦善的两点让步扩大成四项初步协定，于 1841 年 1 月 20 日宣布自己与琦善已达成初步协定，这就是：①割让香港；②鸦片赔款 600 万元；③中英平等外交；④中英贸易正常化。6 天后，英军强占香港。

英军侵犯虎门，清军浴血奋战

琦善害怕有人将义律宣布的四点进呈道光，从而受到严厉的处罚，故于 1 月 26 日主动前往虎门与义律会谈。双方争执的焦点是割让香港问题，1 月 27 日、

28 日和 2 月 10 日、11 日、12 日又相继进行了数次会谈，仍无进展。

2 月 16 日义律又向琦善下了一道通牒，声称英军已据约定从舟山撤出，要其在 20 日前在由义律拟定的《善后事宜》上签字，否则"仍复相战"。琦善先是以病搪塞，然后以让步作缓兵之计：同意从原先的"只许香港一隅"扩大为"许他全岛"。

2 月 23 日，英军在义律指挥下开始出击，战斗重新打响。24 日英国远征军海军司令伯麦向关天培发出最后通牒，要求将横档一线（即第二重门户）阵地交由英军据守，未收到答复。25 日英军实施攻击。

横档一线是虎门要塞中最关键的一处，在这里共部署兵勇 8500 人、火炮 377 位，是整个防御体系的核心部位。在沙角、大角炮台陷敌后，关天培据此二处在防御作战中暴露的缺点，作了一些改进。主要是着手修建炮台侧翼的隐蔽工事，以防英军侧攻；在炮台后侧垒起沙袋炮台，在各炮台的侧后，添派雇勇，准备与抄袭后路的英登陆部队作战。但由于时间仓促，关天培这一补救性措施成效并不大。因此在敌人优势火力的攻击下，横档一线也很快被攻陷。下午 5 时战斗结束。关天培在武山指挥作战时中炮牺牲。此战有 250 人死，100 余人伤，千余清军被俘。

 道光帝的对外态度与清政府
对英宣战

道光帝，名旻宁，1782 年生，1820 年登上皇位。

他虽智力平庸，却有干一番事业的雄心。他接手的是嘉庆留下的一个吏治败坏、百弊丛生的烂摊子。但他决计以先祖为楷模、以祖制为范式开创一个新局面。据说他生活俭朴、勤于朝政、注意吏治、敢用能臣。这一切表明他确实试图有所作为。然而，清朝毕竟像千疮百孔的大厦，任道光如何修补，也不可能从根本上改变清朝摇摇欲倾之势。为对付此起彼伏的"变乱"和"劫盗"，道光帝确实费尽了心机。特别是为制服发生在南疆的叛乱，他历时 7 年，耗费 1000 多万两银子，动用了 4 万军队，才捕获张格尔，搞得他筋疲力尽。就其真实的想法来说，他希望不再出乱子，过一个祥和宁静的晚年。

但是他的这一用心并不为英国政府、鸦片贩子所了解、所接受。他们向中国不断倾销鸦片，不仅将中国弄得乌烟瘴气，士风、民风日趋败坏，而且还卷走了中国大量的白银，腐蚀了清朝的将士。基于道德和财政的原因，也出于励精图治的使命感，道光坚持了严禁鸦片的政策，在鸦片贩销最猖獗的年代他派出了爱臣林则徐赴粤禁烟，由林推动在全国掀起了声势浩大的禁烟运动。

虽然道光支持禁烟，但他并不赞成用武装来保证禁烟。与对手相反的是，英国鸦片贩子为保障鸦片利益，不惜动用武力，他们策动英国政府把用战争保卫非法贸易的团体意愿，变成了政府决策。

战争无情地到来了。即使在这个时候，道光帝跟他的先帝一样并不确切知道英夷来自何方，有何能耐，他们大批地涌向中国的目的是什么。但根据林则徐的奏报，他知道"夷兵除枪炮外，击刺步伐俱非所娴，而腿足裹缠，结束严密，屈伸皆所不便，若至岸上更无能为，是其强非不可制也"。因此当他得知英军攻占定海、进逼镇海之时，向前线的伊里布发出了进剿的命令。

在道光眼里，除了中国有比英国更大的战争优势外，中国还掌握了陷敌于必败的法宝——中外贸易。中国开港贸易是对外国人的恩赐；外国人没有贸易，不从中国进口茶叶、大黄等物，将无以生存。一系列假设鼓励了道光帝，使道光在战争开始最初几个月感到战无不胜。

但道光还是希望能避免战争。当懿律在大沽口转递的《巴麦尊致中国宰相书》中提出要求昭雪伸冤，要求开埠通商时，他认为采取羁縻政策的时机到来了，于是有了要英人返棹南还，在广东与琦善交涉的指示。第一次和局出现了。

道光帝由剿转抚的深层原因，在其给伊里布的一段朱批中作了详尽的披露："朕立意如此羁縻，想卿亦以为然也。再本因办理不善，致彼狡焉思逞有以召之也。若再误之于后，衅端何时可弭？且英夷如海中鲸鳄，去来无定，在我则七省戒严，加以隔洋郡县，俱当有备，而终不能我武维扬，扫穴犁庭。试问内地之兵民，国家之财赋，有此消耗之理乎？好在彼志图贸易，又称诉冤，是我办理得手之机，岂非片言片纸远胜十万之师耶？"

避免战争并不等于不能战争。道光帝至少在此时仍认为清军有用武力打败英军的能力。就在他命令琦善大沽口"抚夷"的同时，得知英军在奉天海面游弋，于 1840 年 8 月 29 日谕令盛京将军耆英："该夷所长在船炮，至舍舟登陆，则一无能为。正不妨偃旗息鼓，诱之登岸，督率弁兵，奋勇痛剿，使聚尔歼旃，乃为上策。"稍后他也向在浙江主持军务的伊里布发过类似指令；9 月 16 日的一份谕旨即说"所有攻剿事宜，该大臣仍密为部署"，要伊里布探明占领舟山的英军的情况，"以为进攻之计"。

从第一个和局可以清楚地看到："抚"是道光的策略。

在漫长的中国历史中，蛮夷骚扰中原的事件不胜枚举，在绝大多数王朝统治期间都或长或短地遭遇过。身居"华夏中央"的文明人，对来自边陲或荒漠的"夷""狄"，能战则战，不能战则抚，有时是战抚并用。这些手段在大多数情况下起了作用。然而，当道光效法历史上的贤祖明君使用这些手段时，其效果却不那么灵验了。道光所遭遇的是文明比自己先进、国力比自己强大且有几百年殖民史的"英夷"。但道光并不知晓这些。

琦善还在天津时就感到与义律的谈判不会太好办，到穗后的几轮谈判证实了他的预感。义律在谈判桌上不断加码，使之无以应对。他只好把会谈的情况如实禀报道光。

踌躇满志只企盼琦善从广东传来好消息的道光帝，

在得到琦善先后发来的奏折后，不禁圣颜大怒。他先前主抚是因为英夷情词恭顺，声言要昭雪伸冤，要乞大皇帝开恩。当道光帝得知英夷不满足于伸冤、通商，"乞恩"要求过甚时，他没有忘记还有剿的一手。1840年12月25日、30日，1841年1月6日，道光相继发出了"乘机攻剿"的命令；同时还令四川、湖南、贵州备兵4000人，听候琦善调遣。1月6日的谕令是斩钉截铁的："逆夷要求过甚，情形桀骜，既非情理可喻，即当大申挞伐……逆夷再或投递字帖，亦不准收受，并不准遣人向该夷理论……朕志已定，绝无游移。"他还下令起用已被革职、在广州听候处理的林则徐、邓廷桢，让他们协助琦善"妥为办理"。

道光发出这道上谕的第二天，英军首先发难，攻陷大角、沙角炮台；20天后，即1月27日消息传至道光，道光发出了全力攻剿的命令："现在逆形显著，惟有痛加剿洗，以示国威，尚有何情理可喻？……著（琦善）即督带将弁，奋力剿除，以图补救！"3月初，他得到广东巡抚怡良2月11日的奏折，说琦善在与英夷谈判中"私许香港"。他勃然大怒，令槛押琦善回京以重治其罪，派奕山、杨芳前赴广东，主持对英战事。

战争是综合力量的竞争。道光帝由抚转剿，是由于认为自己能战，有充分的战胜英国人的综合国力。他多次表露要再造平息张格尔叛乱那种辉煌。殊不知6万里以外的英国有着比中国更强的国力，不仅船坚炮利，有巩固的印度殖民地为据点，而且他们对中国在

70

军事上的虚实和政治上的强弱早已了如指掌。从巴麦尊决定对华战争那天起，殖民主义的英国政府就不曾有通过谈判来解决问题的谋划。强权在他们看来是解决中国问题的唯一办法。他们在实际执行上表示的同意谈判、停战，只不过是调整战术、配备力量的策略手段。然而身处北京紫禁城的道光帝根本不懂这些。他的务战、求胜的上谕，导致了前线一位又一位统帅蒙骗他。认识与事实距离变得更大了。

虎门拒敌连战连败表明清军远不是英军的对手。琦善将此情况向道光奏报，道光竟认为是"妄称"、"谎报"，是用"危言"来"要挟"自己。他向广东方面派出皇侄奕山等人，这表明道光坚信清军之败绝非实力不敌英军，而是主帅个人的胆识、能力甚至道德有问题。

从杨芳到奕山主持的清军反攻

新拼凑的前敌指挥班子由奕山、隆文、杨芳、齐慎、祁𡎴五人组成。这在清朝历史上也是不多见的强大阵容。他们分别从自己的任所奔赴广州。

最先到位的是充任参赞大臣的杨芳。此人先前担任湖南提督。15岁充军，戎马经历55载。以参与平定川楚白莲教、河南天理教、亲手擒获张格尔而位至提督，封三等果勇侯。但杨芳是内战内行，外战外行。他到广州后，面对的英夷也是未曾交过手的陌生敌人。

再说由于琦善不敢在协议上签字，仅表示可以

"代奏"，并不十分了解中国政制的英国殖民者却认为是琦善耍滑头。英军攻占横档一线后，又乘势于2月27日攻克清军重兵把守的乌涌炮台；3月2日又克琶洲炮台；3月3日再克琵洲炮台，兵锋距广州仅有几里了。当日，义律借助炮舰向广州要员摊出《约义戢兵条约》，进一步提高价码：赔款增至1200万两，割地增加九龙，以及片面最惠国条款等，指名要广州将军阿精阿、广东巡抚怡良和前两广总督林则徐、邓廷桢于3天之内，"共同当面盖印"。这样的要价自然谁也不敢答应。

再说义律通牒到期的前一天，杨芳赶到了广州。他的出现使驻广州的要员感到犹如搬来了长城。杨芳到任后面对高手，其实也没有过人的高招。他为防止敌人闯入省城，在东盛寺和凤凰路各增加守卒1000名；在通往省城的必经内河构筑塞河木排，在木排上安放储毒药桐油的木桶，准备火攻；在距敌很近的大黄滘炮台增加炮位和沙袋。这些作为与他的前任没有不同。

3月6日限期到，义律又发兵再陷猎德、二沙尾炮台；13日再陷大黄滘炮台。5天后，英军继续沿江北上，连毁凤凰岗、永靖、海珠等炮台，当日下午4时进抵广州西南角的商馆。至此，广州城东西两路已全无屏障，完全暴露在英舰的炮火之下。广州已是一座危城。

十几天的战事让杨芳领教了英夷的厉害。

英军当时没有急于发动对广州城的攻击是出于商

业利益的考虑。两年的摩擦和对抗对英国商人、印度政府和英国政府来说都是巨大的经济损失。义律得知琦善被黜后，感到中英两国间达成条约的可能性已不太大。于是他改而谋求先恢复广州商贸，再领兵北上，另找缔约出路的策略。因此，他向广州方面发出了谈判的信号。迫于压力，杨芳在未经道光帝许可的情况下，与义律于3月20日达成了停战协定，同意开放广州贸易。

杨芳的行动显然是抗旨。但是在当时情况下，不同意恢复通商谁又能知道将会招致什么后果呢？杨芳之所以敢这样做，是因为他相信自己有"能力"把这一本是出于无奈的选择变成有法理依据的事实。这一"能力"就是撒谎，欺骗道光从关闭贸易转变到开放贸易的立场上来。

杨芳到任的近20天来，战事不断，清军连连大败。但在杨芳的笔下，失败却变成他如何组织抵抗打退敌人的进攻。关于乌涌之战的奏报，他谎称清军"砍毙逆夷，多于官兵"，亦称其筹防的结果是使"民心大定"，对于道光迫切希望的"进剿"，他寻找到了一个连道光都无法反驳的理由：怕英军逃窜而不能全歼所以尚未组织进攻。他建议"暂事羁縻"，等奕山、隆文赶到后，"再设法水陆兜剿"。

杨芳的奏折迎合了对前线战事一无所知的道光帝。道光帝一直梦想能全歼英军，而不使漏网。在他看来，英军有海上优势，却无陆上优势。如果在陆上缺乏围而聚歼的力量，仓促发动对英进攻，确实可能让英夷下海跑了。他非常希望他的爱臣杨芳能在东南海疆重造昔日"剿捻"张格尔的辉煌。因此，道光在3月28日收到杨芳的这份奏折后，对杨芳能"不趋小利而顾大局"的做法感到十分满意，让内阁明发上谕：赞扬杨芳"畅晓军务"，"著先行交部从优议叙"。

杨芳此后的奏折牛皮也越吹越大，最后把英军攻入商馆称作"不讨别情，惟求照常贸易"，要求道光准许英夷恢复通商，称这样可以"将计就计，冀其坠入术中，于剿办或有把握"。杨芳"巧妙"地把英军已攻入广州东南两路、重占商馆以及他已批准通商的几件事实给隐瞒了。

4月14日奕山从北京赶抵广州。

奕山被派赴广东以前，为领侍卫内大臣、御前大臣，是道光帝的近臣。他以办事干练而深得道光的赏识。1月27日道光获悉英夷在广州逞凶，遂于1月30日任奕山为"靖逆将军"，统率七省大军南下征战。为了确保奕山南征运筹顺畅，另任命曾任过广东巡抚的刑部尚书祁埙办理粮台，任命有显赫战功的四川提督齐慎为参赞大臣，再加上军机大臣兼户部尚书隆文，并一次性拨给军费银300万两，令他们提拿"夷酋"、收复香港。

奕山与他的几位前任相比也没有出色的制敌本领，而且他所面临的局势远比杨芳、琦善主政时要糟糕、险恶得多。就他的使命和遭遇的情势看，他只能效法前任说谎骗人的故伎。

奕山到任后，杨芳自然将主帅的位子让给他。

　　义律很早便得知奕山要来广州，因此他没有贸然实行在 3 月中下旬制订的分兵两路的计划。他要看看新来的主帅到任后对整个局势会起一种怎样的影响。4 月中下旬，义律以照会形式探问业已达成的停战通商协定是否仍然有效，奕山是否会在到任后发动反攻。广州方面的复照是"断不失信"。这使义律很感满意，同时也了解到广州的官员已不太愿意打仗。根据多方观察，义律于 4 月 25 日作出了广州局势不会因奕山到来而恶化的判断，遂于当日决定除留下一部分兵力保持对广州的警戒外，主力于 5 月 12 日之前北上，进攻厦门及长江流域。

　　5 月初英军正准备北行时，义律得到了奕山必战的情报。13 日，义律密令英军作好作战准备，18 日令驻泊香港海陆军向广州进发。

　　奕山初到时确有不急于开战的谋划。这出于几个原因：一是从各省调集的军队需 5 月份以后才能全部到位，而现在驻粤清军由于连战皆败已士气沮丧，不利作战；二是原有沿河设施、城防设施已毁坏得差不多了，而发动一次攻击所需的军火也需筹备一段时间；三是广州方面前任官员和比自己早到位的杨芳与英军已达成某种暂时默契，造成了某种定势。然而，他毕竟是"靖逆将军"，负有剿擒英酋的重任，不战是不行的。特别是自他于 2 月 16 日踏上南征的路途以后，道光几乎每日谕令他快马加鞭，速速南赶，"督饬兵弁分路兜剿"。

　　在奕山面前只有"进剿"一途。

奕山尽管有这样的考虑，但他还是作了一些准备。例如从外地调集木排，在佛山监制火炮，往福建招募水勇，在广州贡院赶制火箭、火球、毒火炸炮等武备，将陆续到达的外地清军部署于险要之处。据估计，到 5 月中旬，广州可动用的清军人数达到 2.5 万左右。

道光催战的上谕越来越多，越来越急，越来越不容商量。奕山被迫作出于 5 月 10 日开战的决定，以应付道光。但连日的大雨毁坏了用于火攻的武备，进攻不得不延期。实际上当 10 天后他下令发动进攻时，清军的进攻准备工作仍未完成。

奕山发动攻击的打算是奇袭英军泊于珠江上的舰船，手段是火攻，而投入战斗的是陆战兵勇。

所谓奇袭，是在敌人不备的情况下发动突然性进攻。然而由于义律确切知道了奕山的谋划，并在奕山发动攻击前 6 小时完成了撤退英侨、关闭商馆、近驻英舰的工作，因此，奇袭也就变成了一般性攻击。

5 月 21 日晚 11 时许，奕山发出攻击令，百余火船从上游放下，接近泊于英国商馆附近的英国舰船，随后跟进的是清军兵勇，拟当敌军在舰船被焚逃离上岸时，予以斩杀；同时经整修安炮的西炮台也向敌开炮，以轰击敌舰。然而有较大机动性能的敌船，避开了这些火船，并调整火炮向清军的西炮台还击。第二批火船则冲往河岸，引起岸上大火，火光一片。随后清军见火船的火攻未能得手，纷纷离船逃跑。英舰为了安全计，向凤凰岗一带水域转移；西炮台清军利用敌人转移、火炮威力减弱之机，猛烈开炮，相继击中摩底

76

士底号、路易莎号、曙光号，使这些舰船受到重创。次日，英军组织反击，派出 3 艘舰船进攻西炮台，打散了该炮台守军，破坏了该炮台及火炮，然后沿江上溯，又摧毁了清军保障炮台，焚毁了清军供组织火攻用的 43 艘船只和 32 只火筏。

5 月 23 日，由香港增援内地英军作战的英舰船抵广州，并部署于旧城的东西两线。当时投入战斗的英军有战舰 15 艘，轮船 2 艘，陆军 2300 人，海军 1000 多人。

5 月 24 日下午 2 时起，英军发起全面进攻。他们分兵两路：一路从正面攻击广州城，沿沙面、西炮台、商馆、海珠炮台实施强攻；另一路则沿广州西侧水道前进至缯步，由此登陆，迂回城后，抢占城北高地，英军以此路为主攻，部署了 2400 人、15 门火炮。至 25 日上午，英军占领城北越秀山，据有四方炮台。

四方炮台位于越秀山的制高点，俯视整个广州旧城。英军占领此地，实际上已将广州城置于炮兵的有效攻击网内，迂回进攻的英军与正面攻击的英军，把广州清军置于腹背受敌的境地。

英军的攻击遭到了清军官兵的抵抗。在正面战场上，驻守江边的清军向登陆的英军猛烈发炮，在越秀山上奉命镇守的清军兵勇与抢占高地的英军展开了厮杀，结果打死英军 9 人，伤 68 人。在今天看来这个数字微不足道，可当时在实力悬殊的情况下清军确实也算取得了不小的战绩。

6 奕山屈辱求和赎回广州

在英军前后夹击下，奕山于 5 月 26 日让部下在城里升起了白旗，27 日达成停战协议。

由于奕山求和，义律开出了停战的价码：①奕山、隆文、杨芳在 6 天内率兵出城，至广州以外 200 里驻扎；②付赔偿费 600 万元，限 7 天交清；③清方如期付款后，英军可以退出虎门口外；④以上须由驻穗五高官授权广州知府办理方为有效。

奕山完全满足英军的要求，提前两天全部付清赔偿费，自己则率要员退出了广州城。英军也于一周内撤离了广州地区，交还了虎门横档以上各炮台，集结于香港。

对于这悲惨的败局，该如何向道光奏报呢？如果据实奏陈，英国人攻陷了广州城，自己派人升白旗要求停战，并为让英军撤离广州支付了 600 万元的"赎城费"，这或者可让道光从幻想中跌落回现实，把道光给气死；或者可让道光开杀戒，将奕山及其他在前线指挥作战的要员斫成肉酱。

奕山决计不选择上述两种可能的结局。他选择了让道光好受、自己好过、别人好看的做法，这就是撒谎。

他在 5 月 26 日的奏折中编造了前敌频频得胜的战报。

他在 6 月 4 日的奏折中编造了夷酋入城申冤，要求归还商欠，准予通商，表示愿意归还炮台，退出虎门，不再滋事的神话，并称在虎门藩篱已失，内河无可依恃的情况下，不若依其所请，以使将来办理有所措手。这就几乎告诉道光，他已拍板同意开放贸易，已经支付了 600 万元的"商欠"。

6 月 18 日道光收到了这份奏折。道光从奏折中没有看到他希望看到的"大兵兜剿"、"捡获夷酋"的结果，也没有识破奕山在撒谎。既然琦善、杨芳、奕山均未能达到他理想的境界，反正英夷犬羊之性，且已受到惩创，就不值与之再计较了。于是道光大笔一挥，批准通商、垫付商欠。他打算把这件事给了结了，同时下令对奕山保举的"出力"文武官弁兵勇 554 人，分别予以优叙、升官、补缺、换顶戴的嘉奖。

道光把一省的停战当成了全国的和平。他想罢手，确认这件持续了两年多的事就算了结了。但英国人不同意，义律认为没有完。义律 7 月 15 日的照会说："所有议定戢兵一事，止关粤东一省。至于他省，仍旧交战不息。适至安待皇帝允准，将两国衅端尽解。"

奕山深知义律不会歇手。"粤省夷务大定"而非"举国夷务大定"，他知道英军很可能会再度北上。但对于这么重要、攸关军国大计的情报，他却未向道光奏报。

7 三元里民众反抗英军暴行的斗争

今天的三元里是广州市区的一部分，但在 150 多年前它是距城数里的北郊农村。

在英军发动对广州城市的进攻时，由于缺乏现代传媒手段，当地的普通百姓不可能立即获悉战争的胜负情况。但他们慢慢地通过自己的感观觉察出谁占了上风，谁处于不利。在英军据有广州城北、肆虐各处后，当地民众立即以朴素的保家情结集合在一起，上演了一出让时人和今人同为赞叹的反侵略、反骚扰的活剧。

19世纪30年代的广州近郊农村是军事化程度较高的地区。为对付出没无穷的"劫盗"，有声望的士绅纷纷在本地办团练、组乡勇。有的士绅在此时还开始插手本地的行政事务。30年代后期的中英摩擦和林则徐为对付英舰骚扰在近郊农村号召组织义勇，为业已存在的团练组织提供了合法存在的依据。这些士绅和团练是后来三元里发生抗英事件的社会基础。

英军占领城北一带炮台后，经常到附近地方去骚扰。泥城、西林、三元里、萧冈等村落是他们经常出没的地方。他们劫夺食物、奸污妇女、盗掘坟墓，无恶不作，激起了当地包括士绅在内的乡民的极大愤慨。5月29日，小股英军又窜到三元里抢劫奸淫，遭到村民的抵抗。当地百姓担心英军报复，也为应对英军再次窜犯，提出组织对付的动议。萧冈乡举人何玉成，即柬传东北南海、番禺、增城联络诸村，各备丁壮出护。这一号召得到了附近乡村百姓的支持，他们迅速拿着简单的器具向三元里集结。乡民推举当地的士绅为领事，相约击鼓进兵，敲锣退兵，并议将英军诱入地形复杂的牛栏冈（三元里以北丘陵），相机击杀。

5月30日晨，三元里及各乡群众数千人，手持锄头、铁锹、木棍、刀矛、石锤、鸟枪，向英军盘踞的四方炮台发起佯攻。英军司令卧乌古率守军抗拒。乡民不断用石头、泥块投掷英军，英军向群众开枪。乡民且战且退，卧乌古令英军追击，一直追至牛栏冈。正当敌人试图辨明方向时，忽听四周鼓声齐响，埋伏于四处的乡民与佯攻的乡民一起围攻过来。据一位参与其事的人估计，当时参与围攻英军的乡民不下数万人。

面对众多的乡民，惊恐万状的英军正准备开枪射击，突围逃跑，但天不相助，突然下起大雨，火药尽湿，无法开枪。乡民乘机从两翼包抄，迫使英军后撤。乡民乘势追击，用长矛和钩镰刺死英军5人，刺伤数十人。在追击过程中，一路乡民截住了一连英军，约60余人，并将他们包围于稻田之中。乡民又用刀矛杀死、杀伤英军数人。英军大队直至退回阵地才发现有一个连失踪，于是派出两连英军，全部武装雷管枪，前去搜寻，直至天黑才把该连找回。

受到前一日形势鼓励的乡民，5月31日包围了四方炮台。此次集合了更多百姓，有的从佛山、增城、花县等地赶来。面对如林的刀矛和四起的喊杀之声，义律无计可施，遂派人混出重围，找到广州知府余保纯，威胁说：既已达成停战协定，广州当局如不派人制止乡民的活动，英军将"立刻扯下休战旗帜，恢复敌对行动"。余保纯立即把这一情况向奕山、杨芳作了报告。早已无心战斗的奕山，急令余保纯赴四方炮台，一方面向被围英军解释乡民行动他们全然不知，也是违背他们的旨意的；另一方面又对三元里等地的出头绅民进行威吓、诱骗，要他们速让乡民散去，否则追究责任。士绅是既得利益者，他们与官府有着比普通百姓更密切的利益关系。在官府的诱吓下，士绅首先潜避。几个时辰以后，整个乡民队伍也渐次散去，英军得以解围。

三元里抗击英军事件是当时东南沿海军民抗英斗争的一个插曲，其意义不在于杀死多少英军，打伤多少英军，而在于它是近代中国百姓在外来侵略面前体认家国的开始，触发了早期的近代民族主义。它作为古典爱国主义的终结和近代爱国主义的开端而载入近代史册。

七　英军再度北犯与清军浙东反击

 英国扩大侵华战争

当道光帝正做"举国夷务大定"的美梦时，一场更大规模的战事正悄悄走近。

1841 年 3 月，义律将与琦善达成的《初步协定》传至英国。英国外相巴麦尊看到《初步协定》中的内容与其发布的训令相距太大，十分恼火。他在给义律的函中狠狠地指责义律，并表示对义律的低姿态外交不满。信函发出后，他仍觉得不足以从根本上解决问题，于是 4 月初他接受僚臣的建议，决定前线易帅，派能力更强、手腕更硬的璞鼎查前往远东，接替义律。

璞鼎查，爱尔兰人，生于 1789 年。1803 年随英国海军赴印度。次年，他加入东印度公司的陆军，两年后获少尉军衔。璞鼎查于 1810 年以志愿者身份主持调查印度与波斯边境地区的情况。他乔装成土著马贩子，行程数千公里，获得了大量的第一手情报，为殖民军在南亚进一步拓展殖民地作了"贡献"。这一"业绩"

使他不仅名声大振，升迁机会也屡屡降临。到 1840 年，他已得封男爵，位至东印度公司陆军少将。

1841 年 4 月 30 日英国内阁开会，批准了巴麦尊的提议，决定召回义律，派璞鼎查前往中国接替义律全权代表一职。

在稍事准备后，璞鼎查于 6 月 5 日离开伦敦，搭船入地中海，由陆路过苏伊士，7 月 7 日抵孟买。10 天后起程东行，8 月 10 日抵达澳门。与他同船到达的还有新任远征军海军司令、东印度舰队总司令、海军少将巴加。从伦敦到澳门，璞鼎查在路途中仅用了 67 天。这比清朝大员从北京到广州多不了几天。这除反映英国的远航技术已处世界领先地位外，也说明了璞鼎查办事、行动有着比义律更高的效率、更快的节奏。

行前璞鼎查对英国政府发给义律的全部训令作了全面了解。但巴麦尊仍向他特别指示：①英军要重新占领舟山；②与中国政府的谈判地点在舟山或天津；③交涉谈判的对手应是中国皇帝授以全权的代表；④索取的赔款总额（鸦片、商欠、军费）不低于 300 万英镑（约合银 1200 万元）；⑤劝说清政府允许鸦片贸易合法化。

根据这一指示，璞鼎查到达澳门后，没有作长时间停留，就下达了移师北上的命令，兵锋直指厦门。停息数月的战火就要重新燃起。

 ## 英军北犯与厦门清军的抗战

8 月 21 日英军主力离开香港，22 日璞鼎查本人也搭上了北攻的战舰。

璞鼎查是以大张旗鼓的形式开始这次军事活动的。
1841 年 8 月 10 日，即璞鼎查到达的当天，他便派秘书
麻恭少校给两广总督祁𡎴送去照会，大意是义律即将
回国，自己奉本国君主之令，出任新任"全权公使大
臣"，并兼任驻中国"领事"。他只与清方的全权大臣
谈判，并以条约形式来结束中英战争；中英双方谈判
的基础仍是《巴麦尊致中国宰相书》中的各项要求；
谈判在未获得满意的结果之前，英军将由粤"北上"，
不停止其军事行动；要求广东地方官员速将以上情况
报告朝廷。

璞鼎查此举不无强盗威胁良民的味道。他们是以
确信英国远征军完全能够打败清军这一判断为基础的，
从而不作任何隐蔽。广东地方当局如果能将此照会以
加急的速度向道光帝报告，虽会使道光难于接受，但
对于组织全国的抵抗无疑是极为有利的，也能争取一
些主动。然而，实际主持广东事务的奕山胆大包天，
竟再次撒谎。

璞鼎查的作为与过去和清朝官员打交道的"夷酋"
的举止有极大不同。他除了殖民者的傲慢以外，竟摆
出一副"天朝"般的架子，拒见任何清方没有全权头
衔的官员。奕山、祁𡎴两次派余保纯会见璞鼎查，而
璞鼎查却以秘书麻恭接待。

自然奕山在向道光奏报时不敢隐瞒发生的这件事，
但在他的笔下，事实却为谎言取代了。在 1841 年 8 月
23 日的奏折中，他把璞鼎查来华说成是更换领事，隐

去其全权公使大臣的真实身份和扩大对华侵略的真正使命。在时人眼里，领事就是"大班"，就是驻华商务监督。他解释义律的易职是由于义律"连年构兵"，英国政府对此不满；义律故意隐瞒朝廷已允许通商的实际。他谎称：璞鼎查在不了解实情的情况下，竟发兵舰出洋北驶，"恳求马头"。他已让祁堪复照，告知实情，也已让余保纯做了璞鼎查秘书的工作，但因为近日恰遇连日南风，很可能璞鼎查已得不到这些信息了。在这一奏折中，奕山只字未提英军北上将开展军事活动，还把桀骜不驯的英夷描绘成"情词恭顺"的样子。更可恶的是，奕山预设铺垫，即使日后英军真的出现在北方，那也不是他的责任。因为该做的，他均做了。

清廷被蒙骗了。当浙江巡抚刘韵珂根据情报说英军可能北上报复，向道光上奏，要求浙江不遵 7 月 28 日的撤兵谕旨，不撤退防兵时，遭到道光的批责。他驳诘道："试思该夷果欲报复，岂肯透漏传播？……至所称确探夷情，如果驯顺并无来浙之意再撤防兵，所见尤为迂谬！著裕谦仍遵前旨裁撤防兵，以节糜费。"道光根本不信会发生英夷再度北上的事。

1841 年 9 月 5 日，道光收到奕山的奏折后，只作出了要广东"加意防卫"的指示。在他的观念中，璞鼎查的北驶，不会越出广东海域范围。因此，他自然不可能给闽、浙、苏、鲁、直、盛京各沿海将军督抚以同样的指示。然而 8 天后，驿站就传来了厦门失守的消息。道光帝闻后大惊失色。

厦门主帅是闽浙总督颜伯焘。他是一个敢作敢为、具有开拓精神的抗英人物。

颜伯焘，广东连平人，世代官宦。1814 年中进士，入翰林院，散馆后充编修等职。1822 年外放陕西，曾在平定张格尔之役中办理军需、报销等事务，得到道光帝的好评。1837 年颜伯焘迁云南巡抚。1840 年 9 月，道光帝罢免邓廷桢，身边已无可用大将，遂命颜伯焘总督闽浙。

1841 年 2 月 17 日，颜伯焘来到闽浙总督衙门所在地福州。其时广东战火纷飞。颜到任所后，没敢多作逗留，便根据道光帝的旨意，前往泉州，部署防务。到了泉州，他敏锐地感觉到厦门地位更重要，于是把全省事务交给福建巡抚代行，他本人则全身心地投入到厦门的防卫建设中去了。

厦门位于福建的南部，是一个天然良港，以航运业、造船业闻名于世，持续了数百年的与东南亚、日本等地的经贸往来，令西方殖民者垂涎不已。英国殖民者很早就有辟厦门为通商口岸的阴谋。清朝统治者在入主中原后，深知厦门地位重要，将福建水师提督衙署设置于此，并配备有 4300 人的防守力量。

3 月 2 日，颜伯焘由泉州抵厦门，次日即与驻此的兴泉永道刘耀椿、新任水师提督窦振彪巡视全岛的布防情况。他无法知道英国人屡次骚扰厦门的真实原因。但他从英方十分看重厦门，以及当时盛传的英夷欲辟厦门为商埠的流言中，感觉到此地将有大战，于是开始构建规模巨大的防御工程。

鸦片战争爆发前，厦门原有的防御工事仅炮台 3

座。邓廷桢总督闽浙后，采取了若干措施以加强防御，具体做法是：在厦门岛南岸、鼓浪屿、屿仔尾等处修建炮墩，并安设了 268 位火炮，部署了 1600 余名防兵和 1300 多名雇勇。然而在颜伯焘眼中，这些设施并不足以应付一次大的战事。

颜伯焘决定不依托原有工事，而另行设计、构筑防御设施，他利用厦门盛产花岗岩的条件，决计在厦门岛垒起一座长城。

从 1841 年 3 月中旬开始的营建防御工程的工作，在颜伯焘直接指挥下从三个方面展开：一是在厦门岛南岸构筑石垒，石垒长约 1.6 公里，高 3.3 米，厚 2.6 米，每隔十几米设一炮洞，共安设大炮 100 位；二是在石垒东西、鼓浪屿、屿仔尾兴建新炮台，设火炮 279 位，以三点交叉火力，迎击由厦门南水道入犯的敌寇；三是加紧建造大型战船，置办商船 50 艘，以在水路策应各处。上述工作约于 4 月底便告完成。颜伯焘仍不放心，还做了两件事：一是为确保战斗打响后主阵地能有效杀伤来犯之敌，在厦门岛的北岸和东岸配置火炮 100 位和防兵 1410 名；二是在进入厦门南水道的必经隘口，即金门岛以南的大担、二担、青屿、浯屿诸小岛等处建造石堡，并移清军一营分驻。通过以上措施，厦门成为清朝疆域内最强固的海防要塞之一。

8 月 25 日英军驶抵厦门。这支侵略军约有 2500 人，由战船 10 艘、武装轮船 4 艘、运输船 22 艘载送而来，舰船上配备有 310 门大炮。当英船驶经厦门外围岛链时，遭到守军的开炮阻击。由于岛链一带的工事正在修筑，尚未竣工，因此未能形成有效火力阻止敌人穿越水道。英军发炮相拒，然后继续深入。

8月26日清晨，璞鼎查等相继到达厦门。颜伯焘获知情况后立即派人前往英舰，询问来意，英方傲慢地交付一份最后通牒，要求让出"厦门城邑炮台"。颜伯焘自恃有强固工事可资利用，未予理睬。

当日下午，英军发动进攻。颜伯焘坐镇厦门岛，亲自指挥厦门南岸、鼓浪屿、屿仔尾守军开炮，从三面攻击来犯英军。

英军以船炮猛烈相抗，炮弹落在石垒上迸出火花，四溅的石块泥土使清军无法抬头。英军以火炮无法摧毁石垒，于是故技重演，派出陆军迂回于炮台侧翼进行攻击。清军无屏障可恃，只以鸟枪、弓箭乃至石块回击敌人。有的炮台击退敌人登陆之兵达5次之多。副将凌志、总兵江继芸等相继牺牲，守兵伤亡数百名，下午4时左右，终以力弱难支，弃阵而退。

颜伯焘经营了近5个月、花费约150万两银子构筑的厦门海防工程顷刻间土崩瓦解。战前，颜有打败一切来犯之敌的强烈自信。他曾向道光奏称："若该夷自投死地，惟有痛加攻击，使其片帆不留，一人不活，以申天讨而快人心。"但目睹逆夷的凶焰和近半年的种种努力瞬间化为灰烬后，他强烈的自信变成了极度的恐惧。他把向道光帝所作的种种誓言统统抛在脑后，率领文武官员夜渡逃往同安。岛上清军失去指挥，本已极度混乱的兵弁，此时完全放弃抵抗，溃散于各处。

27日晨，英军不战而进据厦门城。

道光帝接到厦门失守的奏报后，急调江西兵2000名援闽，并严令颜伯焘收复厦门。此时，道光帝才意识到战争并未了结，英军既占厦门，"难保不乘风北驶，扰及沿海各省"；同时也感到英军并非只习水战，因而要各地"陆路亦不可不严加戒备"。他下令浙江、江苏、山东、直隶、奉天各省将军督抚，停止先前谕令的撤兵撤勇，要他们"悉心筹画，以固疆圉"。

3　第二次定海抗战

占领厦门不是英军的目的，根据巴麦尊的训令，舟山才是英军占领的目标，璞鼎查据有厦门，稍事休整后，立即命令英军主力撤离，北上浙江。

此时，在浙江等待这伙殖民强盗的是两江总督、主持浙江军务的钦差大臣裕谦。

裕谦是林则徐被斥革后在官绅士子中最孚厚望的人物。他在任江苏巡抚之时，即不满主帅伊里布的作为。他对占领定海英军持与伊里布不同的态度，坚决主张武力收回定海，并运动颜伯焘、刘韵珂向道光上起用林则徐的奏折。他的作为使道光深受鼓舞。1841年初道光罢免伊里布，立即授裕谦为钦差大臣，主持浙江攻剿。

裕谦虽力主武力抗英，但他对英军的认识也只停留在战前的水平上，并没有因为战争已持续了近一年而对"英夷"有了正确认识。他也像道光一样，坚信英军"腰硬腿直"，不善陆战，绝不是娴熟"击刺步伐"的清军的对手。尽管他也知道若干有关"英夷"坚船利炮的信息，但究竟船有多坚炮有多利仍模糊不清。这种认识状况决定了他在部署浙江海防之时必重蹈此前悲剧人物的覆辙。

定海是裕谦布防的重点。定海县城三面环山，前有稻福山、东岳山为屏障，左右有晓峰岭、青垒诸山为辅翼，形势颇为险要。裕谦督令守军于东岳山顶筑炮台一座，周长 131 丈；于南面接筑半圆形月城一座，长 21 丈；东自青垒山经道头西至竹山脚，沿岸横筑土城一道，长 1400 多丈；又在青垒山、晓峰岭等山择要地安设炮位。至英军再次进犯前夕，定海城周各山及土城上共有铜铁大炮 22 门，城垣周围有大小炮 40 门，另拨给兵船铁炮 10 门，守军总数增至 5600 余人；由三个总兵分段负责防御：郑国鸿率部防守竹山，王锡朋率部防守晓峰岭，葛云飞率部防守土城。此外在镇海、定海等地招募水勇 1200 名，并造买各种船只 100 余艘。

裕谦获知厦门失守及英军继续北犯的消息后，下令浙江各地于炮台四周挖壕，以备守兵防炮之用；增设铁蒺藜、木栅等障碍物，以加强防御。裕谦是旗人中少有的主张坚决抗英的大员，具有相当的政治和军事眼光。除了建议起用林则徐外，他对敌我形势的分析还是相当准确的。他说：英兵船、货船 40 多艘北犯，人员逾万（实际不到此数），而定海、镇海两处防兵总计不及万人。敌军飘忽不定，随时可集中兵力进攻一地；我则必须扼要分守，时刻防备。这就形成了

"彼众我寡、彼聚我散、彼逸我劳之势"。且"我兵本皆未历战阵，又各存一炮火难御之见"，因此，他对浙省防御不无忧虑之处。但他坚决表示："城存俱存，以尽臣职，断不肯以退守为词，离却镇海县城一步，尤不肯以保全民命为词，接受逆夷片纸。"由此可见裕谦的决心之大，但我们从裕谦的防御部署看，他所有努力没有超出林则徐在广东采取的措施。

英军于 1841 年 9 月 5 日离厦门北上，由于风向不顺舰船行动不一，所以花费了近半个月的时间才将力量集结于定海附近海域。9 月 21 日，英海军司令巴加到达，25 日英陆军司令卧乌古也驶抵。

英军原拟先攻镇海、宁波，然后再取定海。由于天气不利于英军行动，于是他们修改原计划，决定先取定海，再攻镇、宁。巴加和卧乌古抵定海水域后，就分别实施侦察，以制订具体的作战方案。27 日，英军大轮船、军舰各两艘，乘潮进入竹山门水道。葛云飞督军发炮，断其大桅一根，英船当即由吉祥门穿出，后又绕入大渠门，复被守军击退。28 日，英舰炮击晓峰岭，发炮数百发，并派兵乘舢板登陆，被王锡朋率兵击退。英军这些行动从此后的发展来看是侦察性的。

英军侦察获知，定海在经上次战火后海防工事有较大加强，特别是设置了土城，增加了火炮。于是他们制订了一个类似进攻广州的计划。1841 年 10 月 1 日，一支英军驶近土城，利用舰炮轰击土城守军和东岳山炮台；另一支英军则向土城的右翼发动攻击，并在接近土城的大五奎山岛后建起野炮阵地，利用居高临下的地势猛烈炮击东岳山震远炮台。由于清军火炮数量及质量均不敌英军，几处炮台不久即被破坏而陷于动摇。上述两支英军的攻击行动属于牵制性、辅助性的，另一支英军，即英军主力从土城左翼的竹山岛登陆，威胁清军腹地。这支英军登陆后兵分两路，一路往北推进，由晓峰岭进攻定海县城。清总兵王锡朋督部迎战，进行了顽强抵抗，连续击退敌人数次进攻。但清军的抗击因力弱不支，终未能阻止敌人的前进，英军攻占晓峰岭，王锡朋战死。另一路向东进攻竹山。清总兵郑国鸿率部抵拒。由于英军有炮兵掩护，狂轰清军阵地，郑部渐不能支。英军登陆后，清军立即陷于混乱，郑国鸿拼死抵抗，最后战死于阵地。此路英军占领竹山后，继续沿土城东进。由于土城构造只宜正面抗击，而侧面并无屏障可恃，守军立即大溃，总兵葛云飞奋力抵拒，壮烈牺牲。几乎与此同时，担任辅攻任务的两路英军在主力英军的配合下，攻击东港浦，清军被迫撤离。

英军主力攻占晓峰岭以后，后续登陆的马德拉斯炮兵在晓峰岭的制高点上，架设轻型火炮，轰击定海县城，英陆军在大炮掩护下，从西门和南门进攻。县城守军拼死拒敌，终因众寡悬殊，溃败下来。约于下午2时，定海县城陷入敌手。

 镇海抗英保卫战

英军占领定海后，没有立即发动对镇海的攻击。

他们休整了一周，至 10 月 9 日才着手攻击镇海。英军在定海留下 300 名士兵和 3 艘运输船，参与攻击镇海的军队约 4500 人。

镇海位于杭州湾之南，甬江的出海口处，是宁波的门户。它具有极佳的地形优势：东北面为招宝山，东南和南面为甬江，北面濒海，但有宽达二三里的淤泥地带。根据裕谦的判断，这种地形利守而不利攻。

镇海本身并没有构筑多少防御工事。但在招宝山、金鸡山、甬江等处由浙江巡抚刘韵珂主持，设置了不少防御工事。虽然这些工事无法与厦门、定海的防御工事相比，但规模也很大。招宝山原有威远炮台，但地势较高，清军恐火炮射程不及敌舰，因而又在该山的西脚、南脚设置沙袋炮台，在靠县城的一侧亦设炮台一座。招宝山由浙江提督余步云率兵镇守。金鸡山位于甬江之东，坚扼江口，在该山北脚设炮台一座，在东北方向建造内设大炮的土堡，在山顶驻兵防守。金鸡山由江苏狼山镇总兵谢朝恩指挥。为防范英军舰船入江，清军在江口层层插钉，填塞石块；又设火攻船 30 只、十六桨快船及车轮船 20 只、大小渔船 60 只，以备作战时追击、瞭探、策应之用。在县城东南之拦江埠，两岸各设炮台一座，以对付窜入港内的敌舰。甬江由衢州镇总兵李廷扬督兵驻守。镇海防守，清军共投入兵勇 4000 余人，配置火炮 157 位。

10 月 10 日晨，英军在对镇海防御作了细致侦察后，向清军发起攻击。英军知悉金鸡山一带是清军布防的重点，因而派出陆军主力进攻。英海军先期开炮

轰击金鸡山清军炮台,压制清军的反击炮火。英陆军
1600人从金鸡山清军阵地以东3公里的沙滩登陆,越
过小峡江,向金鸡山之后的蟹沙岭攻击前进;另一部
在笠山登陆,扑向金鸡山阵地。与此同时,其主力舰
队在招宝山至镇江县城以北摆开战阵,以优势火炮攻
击清军各阵地。

坐镇于镇海县城的裕谦得到开战的消息后,立即
登上城墙指挥各处抗战。进攻招宝山的英军的行动使
裕谦大惊失色。清军的防御主要是针对闯入甬江的英
舰的,工事的火炮都是口对甬江。可是狡猾的英军舰
船并不深入甬江,只在口外用火炮攻击清军的防御工
事。他们的火炮射程是如此之远,炮弹竟能越过山岭,
落于东岳宫、拦江埠一带的清军阵地上,而火炮的杀
伤力又是如此猛烈,能将沙袋垒成的掩体炸出巨大的
口子。这一切一点点地修正了裕谦对"英夷"的已有
认识。

不久即传来金鸡山陷落的消息。在金鸡山登陆的
两路英军绕过清军设防的重点,从清军的侧翼发起进
攻。驻防清军猝不及防,紧急抵抗,多次与进攻之敌
展开肉搏战,终因伤亡惨重,未能挡住敌人的进攻。
总兵谢朝恩战死,余部被敌人驱出阵地,挤压于甬江
江边。

在进攻金鸡山的同时,进攻招宝山的英军,利用
军舰4艘,舰炮200多门猛烈轰击数小时,基本上摧
毁了招宝山清军阵地上的防御工事。负责协同的英陆
军从山的外侧登陆,威胁山顶的威远城。接受英军

"腰硬腿直"教育的清军守兵被眼前的事实吓呆了，守将余步云率先逃离战阵，其余兵弁无心恋战，也纷纷弃阵逃跑。裕谦指挥镇海城守兵发炮拦阻，余步云竟绕山逃往宁波。上午 11 时许，英右侧纵队在招宝山西北麓登岸，不久即占领招宝山炮台。英军占领招宝山后，又进逼镇海城，利用居高临下之势俯击县城。清军组织抗击；英军以排炮猛轰，掩护其步兵缘梯登城。裕谦眼见经营了数月的镇海防御竟如此迅速地被敌摧毁，意识到一场巨大的灾难已降临。他已无路可退，为实践其与城共存亡的誓言，遂跳入泮池自杀，后被家丁救起，但在奔走省城的途中气绝身亡。清军陷于一片混乱，英军轻易地占领了镇海城。

裕谦身亡后，余步云成为浙江清军的主帅。余步云与英军交手后，真正体验到英军坚船利炮的滋味，因而被吓破了胆。他退出镇海后不是去招集溃兵组织反攻，而是擅与英方联络。他派出陈志刚，给璞鼎查送去一份要求"善议"的照会。但英军根本不予理睬。10 月 13 日，英军经过两天休整，舰船离开镇海，沿甬江上溯直逼宁波。余步云又慌忙逃往上虞。由于清军先期逃离，英军又轻易占领宁波城。

 清军浙东反攻及其失败

1841 年 10 月 10 日，道光帝收到了裕谦用"六百里加急"送来的定海失陷的战报。8 天后，他又收到了杭州将军奇明保发来的镇海失陷、裕谦殉难的奏折。

奏折还要求"迅速赐简派带兵大臣，多发京营及各省劲兵，兼程来浙剿办，以期克复"。道光帝已有事情不妙的预感。他随即授奕经为扬威将军，并从苏、皖、赣、豫、鄂、川、陕、甘八省调兵 1.2 万人，再次组织大军征讨"逆夷"。

奕经同奕山一样，也是皇室成员，其经历主要是在京官上迁转。在受命出征时，他是协办大学士、吏部尚书、步军统领、正黄旗满洲都统。他是道光帝所信赖的股肱大臣，是"奕"字辈宗室中升迁最快的一位。

奕经 10 月 30 日离京南下，11 月 8 日到山东泰安，11 月 22 日抵江苏扬州。奕经的动作本不算快，然而他到苏州后竟驻足不前，一待就是两个月。

其驻足不前的理由是等待各省的"劲兵"。湖北援军 2000 名、江西援军 2000 名、陕甘援军 2000 名均未到位。奕经向道光奏报说：如果他过早赶到浙江，非但不能制敌，反而可能为敌所制。道光表示"不为遥制"，认同这一理由。

然而真正的原因是经过一年多的战争，奕经对敌我的虚实已大致清楚。屡战屡败已使众多人士知道要打败"英夷"不是一件容易的事。清朝中央的高层已在"战"与"抚"上出现了游移。道光帝本人对奕经此次南征也不再有"大兵兜剿、擒获夷酋"的企盼了。

奕经南征从苏、皖、赣、豫、鄂、川、陕、甘八省调集了 1.2 万军队，加上原有的额设兵丁、外省援兵以及本省外省的雇勇，总共不下 10 余万，兵力不为不厚。他为了确定制"夷"之策，效法聘贤纳士的古风，组成了一个数百人之众的庞大"智囊团"。他虽然内心无必胜之志向，但他想拼力与"逆夷"一战。

此时入侵的英军处境是很不利的。璞鼎查北上江浙之举目的是打击清政府，迫使它派出"全权大臣"来谈判，以实现巴麦尊训令中的目标。但他数次遣书刘韵珂等人，就是没有回音。至此他仍然并不很清楚，他所采取的军事行动，究竟对这个庞大的帝国造成了怎样的影响。另一方面，他有限的兵力已被分割成几个部分，分别驻扎在香港、鼓浪屿、定海、镇海、宁波。他已无法再集结一支足够强大的部队，发动扬子江之役，占领"帝国的心脏部分"，割断江南经济重心与北京政治中心之间的联系。同时入冬后北风正紧，严冬气候也不利英军作战。因此璞鼎查被迫在军事上采取守势，以待来年援军到达后再作计议。战争在此时出现了长达5个月的间歇。

至1842年2月，援浙的各省"劲旅"已相继抵达浙江。奕经在苏州、嘉兴等地已没有驻足下去的理由了，遂赶赴杭州，在杭州稍作布置后，又赶往前线曹娥江一带。此时距其出京之日已131天了。

奕经在名义上已有10余万军队，而可作机动之用的实际不过5000人：本省额兵难于抽调；原定海、镇海两处守军全已溃散；所谓9万雇勇绝少可以征调；而所谓1.2万的外省"劲旅"有3000名被派守杭州，800名被派守乍浦，1000人在余姚溃败，另有约6000人被安排在奕经本人遇险撤退时策应保驾。而真正可用于进攻的只有四川兵 1600 名，陕甘兵 1200 名。

1842 年 1 月 25 日，尚在嘉兴的奕经和参赞大臣文蔚同时梦见英军都弃陆登舟，联帆出海，宁波等三城"夷迹已绝"。奕经根据这一梦境，荒诞地确定于 3 月 10 日发动旨在同时克复三城的反攻计划。具体方案是：事先密派内应，潜伏于三城，等各路大军反攻时，里应外合，"明攻暗袭，同时并举"。作战部署是：水路（即东路）以乍浦为基地，陆续渡海，潜赴舟山各岛及定海城内外，预为埋伏，候期举动。陆路（即南路）分为两支：一支以 2400 人在慈溪西南 30 里之大隐山集结，准备进攻宁波；另一支以 1900 人在慈溪西门外的大宝山集结，准备进攻镇海。此外，还在宁波、镇海之间的梅坷预伏勇壮 3000 多人，准备中途截击英船。另由余步云率兵 200 人驻奉化防堵，文蔚率兵2000 人进驻长溪岭督战，奕经率兵 1300 余人驻于绍兴以东的东关居中调度，特依顺率兵 1200 多人驻万松岭（杭州南），作为后路应援，兼顾省城和乍浦等地。

奕经等计划虽较周密，但英军已有觉察，"无日不水陆四出，远近搜掠，拆坏民房，捉拿公民，追究屯兵处所"。3 月 6 日、7 日英军又分头搜索。奕经仍决定于 3 月 10 日发动反攻。

反攻宁波一路清军由段永福统率，兵分两部：兵勇 1600 人作主攻，800 名四川兵丁作辅攻。这路清军十分勇猛。战斗打响后，他们一面火攻泊于宁波城下的英军舰船，一面猛攻宁波南门和西门，先期潜伏于城内的 17 队兵勇也积极予以配合，清军很快攻入城内。英军慌忙调集火炮向清军轰击。宁波街道狭窄，清军无处疏散，大批清军倒于英军的炮火之下。天亮，清军见势难克复，便退出城外。

反攻镇海一路由朱贵、容明率兵勇 1400 名作主攻，另 500 名陕甘兵作辅攻。此路清军由大宝山出发，约于凌晨 3 时进抵城下，遂立即发动攻城作战。英军避开被攻击的西门，打开南门主动出城迎击，并以优势火力压迫攻城清军。由于担任主攻的朱贵部黑夜迷途，未能按时进援，清军无力坚持进攻，被迫撤退。

至于定海一路，当清军开始向堡山一带调动时，其意图即为英军觉察。3 月 18 日，即全面进攻尚未开始，英军先期派出舰船攻击，驱散向定海运动的兵勇。加上其时风潮不顺等原因，清军进攻定海的计划一再推迟实施。直至 4 月 14 日，才由熟悉定海情况的郑鼎臣（已故总兵郑国鸿之子）指挥，发动了一次小规模的夜袭，但由于英军事先已有充分准备，此次夜袭亦未能达到预期目的。

清军经数月准备的反攻，不过数十小时便全部瓦解。远在曹娥江以西东关镇扎营的奕经，闻讯后命文蔚退守绍兴，而他本人则率部连夜狂奔，一直退入杭州城。为推卸战败的责任，他一面强调英军船坚炮利，诡谲异常，一面还大肆诬蔑浙东"到处汉奸充斥"，利敌而不利我。

清军反攻失败后，主力龟缩在慈溪大宝山和长溪岭一带。英军决定乘胜发动进攻。

3月15日晨，卧乌古和巴加率领三艘轮船和数十只舢板，载兵1200多人，携带4门小炮，溯姚江而上，中午行抵慈溪以南的大西坝，留下一艘轮船和少量兵力，以防清军断其退路，另两艘轮船载部分兵力继续上驶至余姚东面的丈亭一带，威胁清军后路。大队英军则由大西坝登岸，直扑慈溪南门。城内守军不战而逃，英军遂穿城而过，出北门，分路进攻大宝山清军营地。从镇海退下的都司刘天保率兵500人，防守大宝山左侧，由于进攻镇海时火器大部丢失，稍事抵抗即行溃散。朱贵率兵400多人防守大宝山右侧，与敌英勇激战多时，伤亡过半，请求驻长溪岭的文蔚派兵支援。文蔚畏敌犹豫，未及时派兵前往，待到傍晚方派出300人，而此时英军已进至大宝山西，切断了守军后路。最后朱贵父子阵亡，部队溃散，大宝山营地于当晚8时落入敌手。次日中午，英军开始向长溪岭清军大营进攻，下午3时许抵达长溪岭。文蔚拥兵数千，在长溪岭"阻险而阵"，竟不敢与敌交锋，于15日夜即丢弃营地和大批军械给养，仓皇率部退往曹娥江以西的绍兴。英军将工事和弹药库全部毁坏后，撤回慈溪，17日又全部撤回宁波。

6　道光帝"抚""剿"游移

道光帝"敬待捷音"的梦想随清军的反攻失败而破灭。这一失败表明清王朝在军事上已无出路。就在这时，清朝统治集团内部已有"抚"议。最典型的

"抚"议论者是浙江巡抚刘韵珂。

刘韵珂也曾是一个坚决的主"剿"人物。1840年底，当他从四川赴浙江新任时，打定主意要与"逆夷"血战一场。初至浙江，他就对伊里布主持的浙江停战不满，提出要求派林则徐、邓廷桢来浙会办攻剿事宜。裕谦主浙时，刘韵珂积极参与定海、镇海的防御工程建设。然而正当他踌躇满志时，英军连陷定海、镇海、宁波。三总兵战死，裕谦身亡。定海有刘韵珂所知最强固的防御工事，裕谦是他所知最出色的官员，连这些都挡不住"逆夷"的凶焰，那么还能指望什么？刘韵珂开始了从主"剿"向主"抚"的转变，浙东反攻败势更坚定了他主"抚"的主张。1842年3月21日，他不顾可能会忤逆圣意，上了一道有名的"十可虑"奏折。他没有正面提出"抚"的建策，只在"剿"上做文章，称若战争继续进行，有十种情况"深属可危"。

这"十可虑"是：①浙江清军两遭挫衄，锐气全消，势难复振；②续调西北劲卒，距浙甚远，缓不济急；③英军火器猛烈异常，无可抵御；④英军习海战，也善陆战；⑤清军即便在陆上幸胜，英军登舟遁去，清军只能"望洋兴叹"；⑥英军以小惠结民心，彼此相安，而民众"转以大兵进剿为虑"，少有敌忾同仇之心；⑦大兵屡败，敌骄我馁，不唯攻剿甚难，防守也极为不易；⑧由于逆氛未靖，"浙江漕粮，多未完竣"；⑨"匪徒"以该逆滋事，地方官不能兼顾，藐法逞凶，聚众抢掠；⑩七省防费为数甚巨，"糜饷劳师，伊于胡底？"在这里，刘韵珂虽然没有提出"抚"的问题，但既然"剿"不可行，除了"抚"还会有别的什么办法？因为传统的策略库中就有这两种招数。

1842年3月25日，道光帝收到奕经兵败浙东的奏折，感到十分失望和恼怒。虽然他对前敌的实际战况仍知之甚少，但一种由不祥征兆而引发的不安，使其寝食难安。28日，他收到了刘韵珂"十可虑"的奏折。虽然由于缺乏文字材料，不知道他读后的心情如何，但可以断定的是，道光帝已对"剿"缺乏足够的信心了，因为最好的防御工事、最忠勤的大臣都没有制止住逆夷的攻势。刘韵珂的"十可虑"奏折中，虽未有"抚"、"羁縻"这样的建策，但在实际上它为对"剿"已感失望的道光提供了另一条道路。就在这一天，道光帝作出了让耆英前往浙江署理杭州将军，让伊里布前往浙江军营效力两大决策。

伊里布在英军第一次北上时为两江总督，后（1840年8月12日）被道光委为钦差大臣，由两江任上前往浙江主持军务，具体使命是加强浙江防务，收复被英军占领的定海。定海孤悬海外，虽距镇海县不过30公里，但渡海作战收复失地使伊里布感到极其为难。赴任途中，他向道光帝表示将不辱使命。但到了镇海，他却信心大减。他虽不敢将此种精神状态表现于奏折中，但故意向道光帝提出四省联合出击，收复定海的计划。这分明是有意迁延时日，有意将责任分散于四省主官身上，减轻自己的压力。道光帝看穿了伊里布的心思，一谕接一谕地要他尽快收复定海。8月底9月初，北方时局发生变迁，即北上的英军同意返棹广州进行谈判，给了伊里布退路。道光帝要他不要轻举妄动，以免影响大局。而伊里布决定继续防范，密为部署，实际上是打算放弃收复定海的组织准备工作。更有甚者，他越出圣谕的授权，擅自与占据定海的英军互致照会，进行释放俘虏和归还舟山的谈判，公然向英军提出互不进攻、严束士兵的停战条件。而那时道光帝并没有过多关注伊里布的活动，他只注意英军南返后琦善与义律的谈判情况。随后传来广州和谈破裂、英军进攻虎门的消息。道光帝决计由"抚"转"剿"。这一变化使浙江的伊里布没有了退路。时局和风向变化后，言路及江浙地方官员立即向伊里布发起攻击，斥责他违悖圣旨居然与"英夷"和谈，置久陷于夷手的定海于不顾，停止攻剿。道光帝获奏报后怒不可遏，把对英夷的愤怒同时向他发泄，下令撤销了伊里布钦差大臣的差使，"革去协办大学士，拔去双眼花翎，暂留两江总督之任，仍带革职留任处分，八年无过，方准开复，以观后效"。伊里布从道光的宠臣变成了失意者。

现在道光帝又下令起用有"和夷"经历的伊里布。人事上的这种调动，预示着朝政的变动。就在同一天，道光帝也向前方的奕经和刘韵珂发出了"设法羁縻，毋令蹂躏地方"的指示。"羁縻"政策悄悄出笼了。

但道光帝无论如何也接受不了立即与英国人言"抚"的办法。他也知道清军不仅无望取得大胜，而且连组织一次像样的反攻都十分困难。因此，在具体操作上，他指示新受钦差大臣之职的耆英"先剿后抚"，也就是说先在军事上取得哪怕是极小的胜利，再与英军讲和。这种议和，清朝握有较重筹码，同时使官员包括道光本人心里也较平衡。

4月15日，耆英和伊里布南下了。

八 英军侵入长江下游，沿海、沿江军民奋起抵抗

 ## 英国增兵与侵入长江

1842 年 3～4 月，璞鼎查正野心勃勃地准备进军长江下游的镇江和江宁（今南京）。这决定了英军对于清廷的求和不会作出积极反应。

早在 1841 年 9 月英军从厦门北犯舟山时，英国政府即决定再次增加兵力，进一步扩大侵华战争，以迫使清政府尽快签订一项满足其侵略要求的条约。同时英国政府向已东往的璞鼎查发出了训令。清军在浙江的节节失败，更加助长了英国的侵略气焰。在从英国本土及英印殖民地增派的陆、海军尚未抵达时，璞鼎查即已指示巴加和卧乌古主动放弃宁波、镇海，以收缩兵力，增加机动力量，全力控制招宝山，以便沿长江口入侵。他们要打击清朝政府的痛点，以达成战争目的。

1842 年 4 月间，由英国本土及英印殖民地奉调而来的侵略军相继进抵南中国海域。这批来华的海、陆

军计有军舰 7 艘和陆军约 7 个团，从而使侵华英军共拥有"军舰 25 艘、载炮 668 门，轮船 14 艘、载炮 56 门，医院船、测量船及其他舰船 9 艘，运输舰还未计算在内。地面部队，除了炮兵以外，有步兵万余人"。

英军在完成兵力集结及部署后，即着手实施其计划。

英军将第一个进攻点选择在了乍浦。

 ## 乍浦保卫战

乍浦是浙江省平湖县下属的一座小城，位于杭州湾口的北端。因其地位重要，清朝一直派重兵驻守。定、镇、宁失守后，乍浦地位之重要进一步凸显出来。至 1842 年 5 月时，这里驻有旗兵、营兵、勇丁，总数达到 7000 人以上。

对乍浦的进攻，英军集结了战舰 7 艘、轮船 4 艘、陆军约 2000 人。他们 17 日由黄牛礁进抵乍浦一带海面。经一番侦察后，于 18 日发动进攻。

乍浦没有厦门、定海等地那样坚固的防御工事，城墙也较矮，火炮也仅有 60 位。但在这儿防守的清军却让进攻的英军付出了远远超过厦门、定海、镇海的代价：9 人毙命，55 人受伤。

英军对乍浦采取了传统的战法，即用海军炮击正面，用陆军侧翼包抄。英军以 3 艘大型军舰对西山嘴（灯光山西端）等炮台实施炮击，登陆兵在 4 艘小型军舰的掩护下分 3 个纵队登陆：右纵队 900 多人首先在陈山西面的唐家湾上岸，遭清军抗击；左纵队800多人由西山嘴登陆，向清军陆地进攻；中央纵队300余人由灯光山一带登岸，沿着山麓迅速推进，企图切断守军与乍浦城之间的联系，并协同左纵队夺占乍浦城。唐家湾等处清军抗击约2小时，发现乍浦城方向起火，以为城已失守，即向平湖方面撤退。驻守乍浦东南天尊庙的300名旗兵，在退路已被敌左纵队切断的情况下，仍进行顽强抵抗，连续击退英军数次冲锋，给敌人以重大杀伤，并毙敌中校军官汤林森。英军炮击无效，最后使用火箭和火药包才将该庙攻下。守军宁死不屈，苦战3小时，大部分阵亡。英军占领天尊庙后，各纵队会合，直抵乍浦城，由东门缘梯而入，占领了乍浦城。城破时，八旗驻防军的家属视死如归，慷慨殉节。

英军攻陷乍浦后，休整了10天。5月28日，他们将乍浦城焚掠一空后，全数撤出登船北攻。1842年6月8日，2000多名英军抵达长江口外的鸡骨礁一带，一面集结，一面派出轮船探测航道，侦察吴淞口设防情况，拟发动对长江门户吴淞的进攻。

3 清军血战吴淞

吴淞位于宝山县境黄浦江与长江汇合处，是长江的第一道门户，战略地位重要。战争爆发后，这里一直是江苏海防的重点。经过一年多的建设，吴淞的防御得到了巩固，形成了一个完整的体系。这一体系包括：自吴淞至宝山县城六七里长的江岸上，筑有土塘，高约两丈，顶宽一丈七八尺，缺口处安设大小炮位，既能御敌，亦可藏身，"自外视之，俨如长城一道"。西岸土塘一带安设火炮 134 位，新月堰炮台安设火炮 10 位，驻兵 1000 多名，东岸土塘及炮台安设火炮 20 位，驻扎防兵 1000 名；整个吴淞口，由江南提督陈化成和徐州镇总兵王志元等率兵 2400 名驻守，其中 500 名由总兵周世荣率领驻守东炮台，其余则防守吴淞镇至宝山一线。战前，两江总督牛鉴也亲自坐镇本城，以为后援；宝山知县则带乡勇 2000 人在东炮台后面接应。另在吴淞与上海间的东沟两岸添设了数十尊大炮，驻兵 450 名，防止英军进窥上海。这一防御体系足可与厦门、定海的防御体系相提并论。

6 月 13 日、14 日，侵华英军陆海军司令率舰船 6 艘、运输船 12 艘至吴淞口外进行临战侦察。6 月 16 日晨，英军开始向吴淞发起进攻。针对清军设防情况，英军确定分兵三路：以"汉华丽"号等 3 艘重型军舰从正面进攻西炮台；以"摩底士底"号等 4 艘轻型军舰突入黄浦江，进攻吴淞炮台和东炮台，威胁清军的侧后，并掩护部队于吴淞镇附近登陆。

当 2 艘重型军舰进入西炮台附近作战水域时，陈化成下令开炮。守军以猛烈的炮火轰击英舰，激烈的炮战进行了两个半小时，英旗舰"汉华丽"号及其他各舰被击中多次，死伤 27 人。陈化成年已七旬，在近两年的战争中一直恪尽职守。在本次炮战中，他奋不顾身，亲自操炮轰击敌舰，与士卒一起战斗。牛鉴曾多次持令箭要陈化成退避宝山，都遭拒绝。牛鉴不得已从宝山率兵增援吴淞，但一见敌炮落于身边，即返身后退，继而率兵西退嘉定。王志元也弃阵而逃。

当西炮台正面激烈炮战时，4艘轻型英舰驶入黄浦江，逼近吴淞镇南面的蕴藻浜，以猛烈炮火压制吴淞镇炮台（安有10门火炮）的火力，掩护登陆兵占领了该炮台。不久，吴淞镇清军实施反击，迫使英军退回堤岸。正当吴淞镇激战之际，西炮台正面被英军突破，大队英军随即登陆。接着，从吴淞镇登陆之敌也从侧后袭击西炮台。陈化成在敌人的前后夹击下，仍率兵百余名坚守炮台，最后全部阵亡，表现了英勇顽强的牺牲精神和崇高的民族气节。英军占领西炮台后，随即占领了宝山县城，吴淞东岸的东炮台也被英军两艘轮船上的海员和陆战队占领。

吴淞失陷后，该地区的大小火炮全部落入敌手，使敌人获得了一次补充武器弹药的机会。这些火炮都有较好的质量，不少大炮装有炮车和简单的瞄准具。6月16日晚，即英军攻陷吴淞、宝山的当晚，英军来自印度的增援部队相继抵达。至此，侵华英军的总数已增至2万名左右。

6月19日，英军1000余人由吴淞南下，另以八九艘舰船溯黄浦江而上，水陆两路向上海进犯。由于守军事先即已撤离，英军未遇抵抗就侵占了上海。上海制炮局新铸的铜、铁炮171门及大批存粮均落入敌手。21日，英军一部乘火轮船2艘、舢板四五只进犯松江，在距城8里处遭到总兵尤渤率领的2000名陕甘兵的阻击。英军发炮轰击；守军隐蔽不动，待敌接近时，枪炮齐发，予敌军以杀伤。激战半日，英军被迫撤退。22 日，英军再次进犯，仍未得逞。英军在大肆抢掠之后，于 23 日退出上海，扬言北上京津，实则准备溯江西犯。

英军陷吴淞口后，清廷一面催促耆英、伊里布等由浙江驰赴江苏，会同牛鉴"办理夷务"；一面继续从华北、东北调兵遣将，并命工部尚书赛尚阿为钦差大臣，驰赴天津，会同直隶总督讷尔经额加强天津地区的防务，防止英军北犯；同时让浙江方面派兵 2000 人，赶往江苏，协助江苏驻军防守沿江要隘及江宁府。

7 月初，侵华实力得到较大补充的英军，一方面加强了在香港、厦门、定海、镇海的守军，另一方面集结北犯部队。6 日，璞鼎查、巴加和卧乌古率领 11 艘军舰、9 艘轮船、4 艘运兵船和 48 艘运输船，装载陆军 1 万余人，驶离吴淞口，溯长江而上。舰船编组成先锋舰队和 5 个纵队，每个纵队 8～13 艘运输船，由 1 艘战舰率领，并接受该舰长的指挥。每纵队间保持 3～5 公里的距离。沿途以测量船为先导，边测量，边推进。另外，英军在吴淞口留有军舰 2 艘，用以封锁长江口，保障后路安全。在英军西犯过程中，福山、鹅鼻嘴和圌山等长江险隘处的炮台守军，因兵力薄弱，稍事抵抗，即弃阵而走。

 镇江保卫战

7 月 14 日下午，英军摧毁镇江东面 50 里的圌山关炮台（有炮 20 门）。之后，英军因风小暂停西进，只派测量船继续上驶，进行侦察。17 日，大队英舰进入镇江江面，随即封锁瓜洲运河北口，阻断漕运。英军兵临镇江城下。

镇江，北临长江，西接大运河，是重要的交通枢纽，具有重要的战略意义。清军入关后一直在此派驻重兵。道光朝在此的额兵达 1185 人。鸦片战争爆发后，历任两江总督均把防御重点置于近海的吴淞、乍浦等地，没有重视内江防御。直至英军陷吴淞、已有深入内江迹象时，时任两江总督的牛鉴才从湖北、四川、江西等地请调制兵约 5000 人火速开赴镇江，以遏"逆锋"。在英军兵临城下之时，各路将领间仍互不协同，各自为战，未能形成统一的指挥。副都统海龄未派部队控制金山与北固山等制高点，而将全部旗兵收缩城内，关闭四门，不准民众出城。

巴加和卧乌古抵镇江后，亲自登上镇江西北的金山寺，察看周围的地形。映入他们眼帘的是坚固城墙但没有士兵守卫，只有城西南的半山城上新建了三座军营。于是他们判断：清军主力可能已经撤至城外，进攻镇江可能不会遇到大的抵抗。

英军在进攻吴淞时，主要由海军担任攻击任务；这次进攻镇江，则主要由陆军负责。参战的陆军共 6915 人，编为第一、二、三旅和炮兵旅。其进攻部署是：第一旅（2318 人）、第三旅（2155 人）和炮兵旅担任主攻，矛头主要指向镇江西南郊高地的清军；第二旅（1832 人）担任辅攻，指向镇江东北，主要任务是牵制和分散清军兵力。

7月21日晨，英军开始进攻。右翼的第一、三旅和炮兵旅在镇江西北的金山附近未遭抵抗即顺利登陆。第一旅上岸后，为分割城内外清军，直指西南山坡的清军兵营，经过数小时激战，清军不支，齐慎、刘允孝率部退往新丰镇（今江苏丹阳北）。英军第三旅登岸后，则沿着西城根，直指西门。与此同时，英军第二旅在北固山一带登陆，冒着清军的炮火，蜂拥缘梯登城。守城旗兵誓死抵抗，与敌肉搏。上午10时许，北门被打开，大队英军冲进城内，向西门方向进攻。

进攻西门的英军第三旅遭到清军的顽强抗击，城门火攻不下。中午，英军一个爆破小队在炮火掩护下，用三个火药包（火药160磅）将瓮城门炸开。此时，由北门冲向西门的英军已将内城门打开，于是大队英军由西门蜂拥而入。

守城清军节节抵抗，与敌人展开巷战和肉搏战。许多旗兵宁死不屈，有的杀死自己的妻儿，然后与敌人拼死搏斗，直至牺牲。海龄督战到最后时刻，也自杀身亡。英军破城后，大肆奸淫烧杀，全城大火弥漫数日，繁华的镇江城遭到了极其严重的破坏。

镇江之役是鸦片战争诸次战斗中清军抵抗最为激烈的一役。英军在这次战斗中投入的兵力是鸦片战争开始以来最多的一次，所付出的代价也最大，共有39人毙命，127人受伤。这一数字相当于英军以往历次战役伤亡人数的总和。

英军攻陷镇江以后，作了几周休整，然后主力主动撤离镇江，登舰继续溯江上驶，将下一个进攻的目标选择在六朝古都南京。他们深信：占领南京，控制大运河，扼住主要的航道，清政府就无法拒绝英国的各种要求。这样，"不但所有作战的实际目标可以迅速达到，而且可以产生同等深刻的精神效果"。

5 沿海、沿江人民的抗英斗争

当英军扩大战争再次北犯之际，除各地清军顽强抵抗外，各地人民群众也以各种形式反抗外国侵略者，掀起了有别官府组织的民间广泛的反侵略斗争。

在福建厦门清军败走后，英国侵略者本拟据有该城，以控制北上海路交通。乡民陈氏自发组织百姓500多人，用以一当十的精神与英军作战，杀伤不少英军。英军寝食不安，遂撤退至鼓浪屿。

在浙江英军侵占定海后，"各处村岙男妇纷纷逃避至宁波"，人数达几万人。定海百姓坚壁清野，使侵略者一筹莫展。1840年9月16日，英军陆军上尉安突德携带印度随从到城外山上测量地形。农民用锄头、石头打死其随从，并活捉安突德。英军占领镇海、宁波以后，"四出骚扰，烧毁房屋，抄掠银钱，奸淫妇女，强夺牲畜……其惨毒不可胜言"。当地百姓以徐保、张小火、钱大才为首组织黑水党阻击抄掠之敌。镇海农民伏击英军侦察队，俘获英舰大副喱哩等二人，其余20多名英军，或受伤逃跑，或被打落海中。宁波百姓神出鬼没地打击前来掠食骚扰的英军。英军侵略者由此日夜惶恐不安，时人徐时栋曾证述，当时的英军"心常惕惕。每日夕斃棘自惊，且日而以失首报者恒数十，或多至百余。白人夜出逻，往往晓不归。其黑人无名籍者，至不可算"。这段文字虽有夸张，但仍可见浙江人民的抗敌情况。当时亲身参加过侵华战争的英军军官也有类似的记载。他把乡民的这种截击、抄杀称为"拐骗"，并说："我们占据宁波的后半期，一种拐骗我们军队的风气已经很盛行。"他记载：有些英军士兵中午时在军舰附近突然失踪；有时军舰正在行驶，也会突然漂来英兵的无头尸体。1842 年 6 月，定海县 36 岙民众串联起来，"立誓订盟"，并散发告白，号召百姓用机动灵活的方式开展抗英斗争："一次无成，二次再举；水战不成，陆战再图；明不及手，暗可施谋。"显示了百折不挠的决心。宁波的士民散发《公启》，号召"大家公议，各自为主，或一人而聚数十人，或一人而聚数百人，以至数千人，或数万人，愈多愈好。或用暗计，或用明攻，总要把红毛夷人除灭，不在浙省滋闹"。这些文字与事实显示了浙东绅民的抗英决心与抗英勇气。

英国殖民者对我国台湾垂涎已久。战前就多次闯入我台湾水域。战争时期，英舰数次到台湾窥伺。厦门失守后，台湾"孤悬海外"，与大陆联系不易，加上军饷竭蹶，形势相当危急。台湾总兵达洪阿、道员姚莹招募乡勇、水勇、屯丁 6000 多名，协同军队防守。台民"鼓舞奋兴，远近土民亦闻招即至"。1841 年 9 月 30 日，英舰一艘侵入台湾基隆海口，台湾守军发炮抵抗，英舰桅折索断，慌忙退出，撞礁立碎，英兵纷纷落水，有的当即淹死，有的凫水逃命。由百姓组成的丁勇与守军一道追捕。斩其 32 人，生擒 133 人，缴获大炮 10 门，取得巨大胜利。10 月，英军在占领定海、宁波以后又到基隆窥伺，声言要索回前被俘英人，每名愿出洋百元。台湾人民不受诱惑，英军遂发炮攻击，台湾军民开炮还击，英船见无利可图，便退走。1842 年 3 月，英船又到淡水、彰化交界处大安港外窥伺。当地渔民一面飞速通知守军，一面佯为英船引路，诱使其触礁搁沉，埋伏的兵勇突起猛攻，毙敌数十人，生擒 49 名，夺得不少洋枪洋炮。以后英舰又来犯多次，但均未能得逞。

英军于 1842 年春夏间闯入长江水域后，松江、无锡、江阴、瓜洲、仪征等地的农民、渔民、盐民和船夫等，到处奋力打击侵略者。一些地方的民众组织起来，保卫乡土，抗击侵略。据当时的一份官方报告说："……查明沿江各洲及夹河各乡，现在绅民捐资团练义勇，计九万余名，声势极为联络。"1842 年 7~8 月间，当英军屯兵南京城下之时，近城几县乡民纷纷起来打击英军。8 月 14 日，英兵闯入靖江骚扰，"民众哗然，齐声杀鬼，夷人惊走"。有一少年从城上投砖，打死英国军官一名。为了防范英军次日报复来犯，靖江百姓当天就组织起来，严阵以待。次日，英军发兵百余乘舢板来犯。农民们"揭竿荷锸而来，约千余人列阵坷岸上施放抬枪。持械（清朝）士兵喊以助威，乡人和之，声振林谷"。英兵发炮轰击，靖江民众隐蔽在堤下和敌人相持，打死英兵 10 多名，打中英船火药舱，英兵纷纷跳水逃命，从此不敢再扰靖江。

 6 清政府求和，被迫签订《南京条约》

英军溯江西上，选择南京作为下一个进攻目标。这一行动把新任钦差之职的耆英吓坏了。已了解前线战况的耆英，也不顾离京时道光给他的"先剿后抚"的教谕，决计主"抚"，不议战守之事。

然而实际的情况肯定不会像他设想的那么简单。这是因为桀骜不驯的"逆夷"并不肯就"抚"，九重之上的道光帝也不肯轻易言"抚"。这种状况就决定了他的"羁縻"活动必然曲曲折折。

还在 5 月中旬英军即将进攻乍浦之时，耆英闻讯不经请旨就派伊里布前往设法"羁縻"。伊里布向英方发出一纸照会，要求以通商换和平。英方对此的反应是：如果中方全盘接受《巴麦尊致中国宰相书》及璞鼎查在浙江发出照会中的内容，英方同意进行停止战争的和议，同时明白无误地提出议和的对手必须是"钦差全权之大员"。对此，耆英无法定夺，也不敢奏报道光。

道光帝这时所说的"抚"与战争之初所说的"抚"，并不完全相同。战争之初不存在接受英方条件（即让步）的问题；这时则是道光帝愿意作些让步，以免除战火不息、兵祸固结的麻烦。但道光帝愿意作出的让步是有限的：他让议和官员在不损害他自己所提条件的情况下保持和平与秩序，也就是说既要讲和，又不许作大的让步。这决定了无论由谁来主持和议，都有可能陷入进退维谷的境地。

迟至英军攻陷乍浦、吴淞之前，道光帝对前线的状况仍知之甚少。其时，他仍以起初的"先剿后抚"要求前线将领，要浙江主持战事的奕经下令进攻。直至乍浦失陷，吴淞和宝山的清军战败，道光帝仍没有降旨让耆英和伊里布放手"羁縻"，而是进一步要奕经下令进攻，乘英军主力尚在江苏之机，"多方牵制，当可及手"。

但这次耆英和奕经却没有听道光帝的。这在平常完全是一种抗旨行为。他们决定要用"羁縻"手段来缓解战争压力，即越出道光帝划定的活动范围，由杭州而嘉兴、昆山，一路尾追英军讲和。他们多次照会英方，请求"戢兵"。但英方均以耆英、伊里布没有"钦赐全权"资格而予以拒绝。

道光帝反对"羁縻"的态度十分明确："若再事羁縻，不特于事无益，且恐有伤国体。著与牛鉴、程矞采专意剿办，无稍游移。"

然而道光虽不同意"羁縻"，但他对战争的前景早已不再乐观。军费、商欠等一系列问题已令他焦头烂额。他最希望的格局是英夷求和。那样既不伤国体，又可息事宁人。他甚至同意为此作些让步。

1842 年 7 月 15 日，道光帝收到耆英的一份奏折。随奏的一份文件让道光看到了希望，看到了"亮光"。

文件内容是:

　　　　大英国大元帅吴夏密谕尔吴淞口居民知悉。
因本国商船误伤广东商人三名，故清国不许通商，
致经五载。为此我国命我求和，只因诈我不肯保
奏朝廷，因我主发令叩阙杀尽奸徒，非干尔百姓，
毋得惊慌乱窜，仍可安居耕种勿惧。倘我黑鬼私
自横掠，尔众民便可杀之，无以为罪。十日内本
帅整顿三军，再叩北阙，直抵京师，自行讲话，
尔百姓其勿扰。特示。

　　这份无疑是伪造的文件使道光既喜且忧。忧者是
"英夷"要"直抵京师，自行讲话"，这意味着要把战
火再度延烧至京城；喜者是"英夷"此举无非是为了
"通商"，特别是文中的"求和"二字也颇能安慰他那
敏感脆弱的自尊心。道光于是朱笔一挥，修正了他几
天前下达的圣谕，要前方大员作和战两手准备："此事
但期有成，朕亦不为遥制。""和议"有了圣谕的根据。

　　有了道光帝的明示，耆英、伊里布加紧了求和活
动。

　　再说英军兵临南京城下后，也吓坏了两江总督牛
鉴。他未经请旨批准便向英军擅发照会。璞鼎查未予理
睬，并逼迫牛鉴交纳赎城费300万元，否则攻城。负有
守城之责的牛鉴惊恐万状，连发数道照会，表示同意先
交赎城费30万元，续交30万元，请英军后撤。璞鼎查发
出布告，称若清方不愿赎城，他将立即发兵进攻南京。

119

惊慌失措的牛鉴一方面向璞鼎查再发照会，讨好侵略者，说什么和谈的局面是他"三次冒死据实陈奏"促成的，指斥"乃正在讲和之际，贵国大邦兵船忽然来到，是使本部堂一番好意，反启兵端"；另一方面他派出兵弁疾奔无锡，邀负有讲和"使命"的耆英、伊里布速来南京，主持讲和，以缓减南京一城的压力。

耆英、伊里布相继来到了南京。

他们立即派出了张喜前往英舰，企图制止英军攻城。谈判进行了几个小时，并无结果。英军扬言，清方再不照数付给赎城费，将于8月11日发动攻城。耆英、伊里布、牛鉴闻讯乱作一团。

已回到城里的张喜，再度被派往英舰。这次前赴英舰，张喜带去了英军所需的承诺："所有烟价、马头及平行外交各条，均可酌商定议，写立合同"，并附有道光帝允其"便宜行事"的上谕。牛鉴要张喜转述：同意付给赎城费300万元。

谈判在璞鼎查的秘书麻恭、中文翻译马儒翰与张喜之间进行。张喜，本为伊里布的一家仆，这次充当了外交谈判的正式代表。张喜与其说与英方谈判，倒不如说是在双方之间传话。英方提出的和谈八项具体条件，张喜只有带回去的责任。

八项和谈条件，包括赔款、割地、五口通商、废除行商、平行外交等内容。张喜回明了耆英、伊里布。对于攸关国体的大事，他们谁也不敢做主，只转给了幕宾。而幕宾则以"窒碍难行"，束之高阁。

根据张喜与英军在前一天的谈判约定，次日张喜再返英舰。此次谈判，张喜并未带来璞鼎查所要的清方接受和谈条件的文件以及道光帝"便宜行事"谕旨的原件。这使璞鼎查老羞成怒。张喜虽一再诡称英方条件钦差大臣们正在"逐条斟酌"，圣旨原件送往扬威将军处，但璞鼎查却拿出他惯用的手法，向张喜宣布："候至天明为度，天明若无回信，即便开炮。"

这是最后通牒。

张喜连忙将此情况回禀耆英、伊里布及牛鉴。他们一听大惊失色，"以拯民命"为由，决定一概允准英方提出的条件，仅对付款期限及款项付清前英军占领舟山、招宝山、鼓浪屿三处表示异议，要求再议。

丧权辱国的态势在他们中形成了。

张喜赶在天明前奔赴英船，传知这一信息。

此后几天谈判又继续进行。但所谈不再是实质性问题，而是一些程序性问题。对于所谓的"异议"，后来耆英、伊里布等人在谈判桌上也放弃了。

8月16日，英方拟就了条件草案。

8月19日，双方"交换"意见。

8月26日，璞鼎查以征服者的姿态进入南京，至上江县考棚，正式交付条约文本。一个丧权辱国的不平等条约就这样强加到了中国头上。

8月29日，在南京江面的英舰"汉华丽"号上，耆英、伊里布在条约上盖了关防并亲笔画押，表示接受。

8月31日，收到胁迫签约报告的道光帝，下了一道这样的谕旨：

览奏忿懑之至！朕惟自恨自愧，何至事机一至如此？于万无奈何之处，一切不能不允所请，诚以数百万民命所关，其利害不止江、浙等省，故强为遏制，各条均照议办理。

这份谕旨可以看做批准文本。道光帝把接受《南京条约》说成是为了拯救百万民命，要耆英等恪守所议。这是多么滑稽！

 7 中英善后谈判

被后人称为《南京条约》的中英和约，是一个苛刻的不平等条约。它共有十三款，其主要内容是：①中国割让香港，在香港英国可以"长远据守主掌，任便立法治理"；②中国向英国赔偿鸦片费600万元、商欠300万元、军费1200万元，共2100万元；③开放广州、福州、宁波、厦门、上海等五处为通商口岸，英国可以派驻领事等官；④废除"公行"制度，英国商人在通商口岸"无论与何商贸易，均听其便"；⑤新定税则：英国商人"应纳进口出口货税饷费，均宜秉公议定则例"。

英国政府通过这项不平等条约，完全实现甚至超过了《巴麦尊致中国宰相书》中提出的要求。所以当和约内容传回英国后，巴麦尊赞赏说这是满意的结果。新任外交大臣阿伯丁在训令中对璞鼎查在中国的作为"深为赞许"，并"完全认可"。

就像强盗永不会满足于所抢劫到的赃物一样，璞鼎查仍嫌和约中攫取的东西少了。在他看来，至少还有两项内容应当写入和约而没有写，或写得不清楚。他要抓住清朝政府畏惧战争的心理，把这两项内容敲定：一是把鸦片贸易合法化；二是关于子口税税额问题的解决。

巴麦尊在训令中虽提出把鸦片贸易合法化的问题，但又说，英国政府"并不作任何要求"。他指示璞鼎查利用机会，劝说清政府放弃禁烟法令。璞鼎查依示照办。据伊里布的家仆张喜《抚夷日记》载，南京和约签订前，璞鼎查即要求鸦片开禁，表示鸦片"亦须作为官物，嗣后愿加重纳税"。和约签订以后，璞鼎查再派马礼逊向耆英提出鸦片开禁。此次，他们递交照会一份，以文字形式申述所谓开禁的理由，即：以前中国禁烟，中英商人在海上照常进行鸦片贸易，结果是"名禁而实不禁"，因此不如承认鸦片贸易为合法。这样，中国的税收也能增加。耆英害怕在这一问题上有闪失，再"开罪"洋人，引起边衅，于是向璞鼎查传话：用不着在条约上规定贸易合法化的问题，并保证清政府以后的禁烟范围"局限于本国民兵"，"不管外国商船带不带鸦片，中国不必查问，也不采取任何行动"。璞鼎查轻而易举地获得了清政府在鸦片贸易问题上的"谅解"。此后不久，鸦片贸易再度繁荣起来，香港以东方鸦片贸易的中心而闻名于世。

对子口税的问题，璞鼎查至少感到这是一个棘手的问题。虽然巴麦尊对此有明确的指示——"要从中国政府获取这个问题的某种有利的规定"，但因为对中国内地过境纳税的情况不明，更由于此前的中英和谈时间短促，因此中英和约上并无有利英国的明确规定，只是说"英国货物自在某港按例纳税后，即准由中国商人遍运天下，而路所经过税关不得加重税例，只可估价则例若干，每两加税不过分"。

璞鼎查毕竟是一个具有丰富殖民经验的殖民者。他在与耆英、伊里布等人进行的所谓善后谈判中，很快捕捉到了一个讹诈清朝政府的机会。

从国际法的观念看，和约的签订意味战争的双方或几方已结束战时状态，转入和平状态。以后的作为是履约的问题，而毋庸再作什么善后谈判。但中英战争的结果是以中国被逼签城下之约而告终的，中国是以割地、赔款和开港为代价求得和局的。中英和谈交涉时已令一些人感到夷人"犬羊之性"，"性情叵测"，难保盟约后出现反复；同时他们对开埠后五口华洋混杂的局面感到担忧，于是希望与英国人再作善后交涉，目的是想消除英夷以后出现反复的可能性，实现"长久"的和局。

道光帝的动向是最值得注意的。他为了尽快结束战争，指示耆英向英军作全面让步，"各条均照所议办理"，同意与英人缔约，但他心有不甘。他觉得自己愧对先帝，于是在他指示作出让步的同一天，又下旨："此外一切紧要文件必应筹及者，均著该大臣等一一分晰妥议，不厌反复详明，务须永绝后患。该大臣等既知善后难于措手，他国之不免生心，即应思前顾后，预为筹画，于勉从下策中力求弭患未然之计。倘稍留罅隙，日后有所借口，以致别生枝节，办理掣肘。"几天后，他又指示耆英就有关紧要事项继续与英方交涉。道光的这些指示是打算挽回一点"天朝"的利益。

耆英与道光帝想到一起去了。在收到道光帝批准南京和约的谕旨以前，他就在考虑条约签订后中外格局当如何办理的问题。那时他可能已有继续与英方交涉，对条约已经规定和尚未明确的事项进行补救的谋划。1842年9月1日，即《南京条约》签订的第三天，道光帝作出就有关紧要事项继续与英方交涉的指示前五天，耆英主动向璞鼎查发出了一道照会。

照会有一段这样的文字："惟贵国所定条款，期于永以遵行；而中国亦有盟言，必须预为要约。盖事定其初，后来可免反复。言归于好，无话不可商量。"从这段文字看耆英所要表达的意思是：英方提出的条件，清方已答应了，为使条约能得到实现，清方也有盟言，也有要求，须与英方预先约定，并得到遵守。

照会所附清单中，耆英提出了十二项要继续交涉的内容。其要者如下：①英商可在五口建会馆居停，但贸易结束后，英商应"回船归国"，"不必常年在会馆居住"；②以后如有华商欠英商货款，"止可官为着追，不能官为偿还"；③"英国商民既在各处通商，难保无与内地民人交涉狱讼之事"，"此后英国商民，如有与内地民人交涉案件，应即明定章程：英商归英国自理，内人由内地惩办，俾免衅端。他国夷商仍不得援以为例"；④中国"奸民"犯法而投入英国货船、兵船的，英方必须送出交官，不可庇匿；⑤福州等口岸关税税率不一，"自应照粤海关输税章程，由户部核议遵行"；等等。

耆英的本意当是承认南京和约的事实，但又不愿看到和约精神贯彻后可能带来的那种麻烦局面，试图把可能出现的格局纳入传统口岸的管理体制。

一直在捕捉解决子口税问题机会的璞鼎查，在读到耆英的十二项交涉照会以后，认为机遇来了。经过认真研究，他很快给耆英复照，别有用心地引诱耆英商谈可以自行决定关税和另订条约的问题。对于前一点他在照会中是这样说的："今本公使以已当两国中人之委详论出口入口内地之饷税，毫无偏性，乃抒心言明其所念矣……本公使只俟贵大臣等，由内阁奉谕，以便宜行办，则图一晤为面叙各情。本公使又在粤东或他处，若更为便与贵大臣商议，以致此要案有着也。"一个明火执仗的强盗把自己扮作"毫无偏性"的"中人"，真是滑稽之至。关于后一点，他说："甚属重要，应另缮一单，附粘本约，以便大清帝、大英君主均准施行。此乃本公使之意见，而贵大臣（指耆英）等如无异意，本公使即另写一单，以便为附粘也。"他毫不掩饰地表示，在《南京条约》签订后，英国要与清朝订立新约，且新约由他来起草。

1842 年 10 月，英军由南京逐步退出长江，入海南下广东。英军此举使道光大大松了一口气，持续数年的巨大压力总算减轻了。虽然他曾指示主持和谈的耆英、伊里布等要抓紧就有关紧要之事与英方进行善后谈判，但这毕竟是善后工作。因此，道光对善后谈判的重视有所减弱。随着英军逐次退回广东，道光指示伊里布一人赴粤谈判，而令耆英留驻南京，继牛鉴出任两江总督。牛鉴则以对长江防御未尽早部署被革职拿京。

伊里布使粤，其头衔不再是四品卿乍浦副都统，而是钦差大臣、广州将军。这原是耆英的官差。伊出行前，耆英受命把有关对善后通盘筹划的结果向伊作了交代。但是对于这种人事安排，璞鼎查却明确表示不理解，且向伊里布等步步进逼。为不致再启衅端，参与交涉的官员不得不左遮右挡。

1843年3月5日，伊里布在广州病故。璞鼎查不愿眼看煮熟的鸭子再飞走，让精心策划了数月的阴谋破产，扬言要驾舰北上，与两江总督耆英继续谈判。此言传至北京，把畏惧战火再起的道光帝吓得不行。这时他已完全忘记在广州与英人进行的谈判是为了善后，为了挽回某些权益，堵塞中英和约的罅漏。他一接此信，立即进入民夷相安的思维定式，并于4月6日授耆英为钦差大臣，令他前往广东，"办理通商饷税章程"。

耆英6月初到了广州。以后的所谓善后谈判可想而知，璞鼎查从耆英那儿得到了他想得到的所有东西。7月22日璞鼎查在香港率先公布了中英《五口通商章程：海关税则》。10月8日璞鼎查又与耆英"达成"了所谓《五口通商附粘善后条约》，即《虎门条约》。

中英《虎门条约》共有16款，另附《小船定例》3款；其附件《五口通商章程：海关税则》共有15款，另对26类货物税率作出规定。其篇幅反超出《南京条约》数倍。这些实质上出于强盗之手的约定，对清朝主权造成了巨大损害。

第一，关税自主权的破坏。《南京条约》规定：英国商人在各通商口岸"应纳进口出口货税饷费，均宜秉公议定则例"。按照英文译文当为："中国皇帝陛下承允在各通商口岸制定一部公平而正规的进出口海关税则"。根据文意：制定及颁布者当然是中国政府。但1843年7月23日与《五口通商章程》一同在香港公布的海关税则，则不是由中国独自制定的，而是清政府的代表与英国侵略者共同协议的结果。由此，英国在实践中行使了协定关税的特权。这个按照英国的意愿制定的海关税则列举了160多种进出口货物的税额，其中绝大部分货的税率，都相当于值百抽五；同时，税则还为未列举的进出口货物，明文规定了"按价值若干，每百两抽五"的征税原则。由此中国海关税率便大致确定了下来。1843年6月26日耆英与璞鼎查在香港共同声明："中国内地关税，定例本轻，今复议明，内地各关，收纳洋货各税，一切照旧轻纳，不得加增。"这样，洋货的内地税轻征的原则也固定了下来。从世界范围看，其时中国进口税是最低的，再加上中国海关既没有主动调整税率的自由，洋货内地税又不能增加，中国海关从此失去保护本国经济发展的作用，而成为便利推销洋货和外国人掠夺中国原料的有力工具了。

第二，领事裁判权的确立。《南京条约》并无规定领事裁判权。但在中英《五口通商章程》第十三款中却规定："倘遇有（中英人民）交涉词讼，管事官不能劝息，又不能将就，即请华官会同查明其事……其英人如何科罪，由英国议定章程法律，发给管事官照办。"鸦片战争前，英国人就轻视中国法律，拒绝接受中国司法的管辖；鸦片战争后，这一破坏中国司法主权的领事裁判权的确立，就为英国烟贩及其他殖民者在中国领土上横行作恶提供了护符。

第三，片面最惠国待遇的形成。1841 年 5 月巴麦尊在给璞鼎查的训令中，要求在中国享有片面最惠国待遇。因为通过战争英国获得清朝对割让香港的首肯，所以在《南京条约》中没有就这一问题作出规定。但在《虎门条约》中，英国侵略者偷偷摸摸把这一内容塞了进去，规定："设将来大皇帝有新恩施及各国，亦准英人一体均沾，用示平允。"这是一条对中国主权损害特别严重的条款。虽然此文后有这样一段文字："但英人及各国均不得借有此条，任意妄有请求，以昭信守"，但这不过是一句没有任何约束力的空话。从此以后，中国只要给予其他国家任何权利，英国就可以同样享受。后来中美、中法条约上都有相同的规定，使中国主权遭受极严重的破坏。

第四，英舰进泊通商口岸权的规定。战争结束和约缔结后，英军无疑必须从中国撤离。英军舰船也必须驶离中国海域。但英国侵略者为了保持对清朝政府的压力，借口管理本国侨民，坚持英舰进泊、滞留通商口岸的权利，并将这一内容写进了中英《虎门条约》。条约第十款规定："凡通商五港口，必有官船一只在彼湾泊，以便将货船水手严行约束。该管事官亦即借以约束商人及属国商人。"由于这一规定，在此后的中外战争中，各通商口岸成为清朝无法设防的城市。

上述四方面充分显示，中英《虎门条约》及其附件又是一项不平等条约。它给中国行政、司法主权造成的损害，对中国社会经济造成的灾难性影响并不亚于《南京条约》。

九 美国、法国趁火打劫

英国殖民者发动的侵华战争是其向东亚落后国家拓展殖民地的决定性行动，也是西方资本主义国家向东亚扩充市场、掠夺原料的倡导性行动。英国侵华的成功，极大地激励了美、法等资本主义国家。它们也浸浸东来，或用武力胁迫，或用外交讹诈，试图从中国获得与英国同样多的特权。1844 年，即中英《南京条约》订立仅两年，美国、法国就顺利地达到了它们的目标。这就是中美《望厦条约》的签订和中法《黄埔条约》的签订。

 ## 中美《望厦条约》的签订

美国是英国侵华的帮凶。在英国鸦片贩子大量向中国倾销鸦片时，美国商人并不干净。在林则徐所收缴的 2 万余箱鸦片中，就有近 2000 箱是美国鸦片贩子的。在禁烟运动进入高潮之际，英国鸦片多被销毁，而大量储存、藏匿鸦片的美国鸦片贩子乘机垄断鸦片贸易，猖狂进行鸦片投机，破坏中国的禁烟执法。他们以 250 元一箱的价格从新加坡一带购来鸦片，用快船运至中国的闽、浙一带东海岸，以每箱 2500 元的高价卖出，大发其财。中国的禁烟斗争既威胁了英国殖民者的利益，也使美国不法商人的利益受到一定损失。在英国商务监督义律阻挠禁烟、挑起战争之际，美国在广州的鸦片贩子，也联合上书美国国会，要求美国政府立即采取行动，同英国、法国、荷兰联合一致，与中国建立商业关系，主张"凡中国埠头，俱要准外国任意贸易"。他们表示，只要英、法、美三国兵船到中国领海示威，定能迫使中国政府接受订约的要求，如此则"中国人若有好处与别国之人，致米利坚人亦可得分受其好处"。

1840 年春，英国发动侵华战争的消息传遍西半球，在华美国鸦片贩子向国会发出的请愿书也已传抵美国国会。狡猾的美国侵略者在一番讨论后，决定不参加英国的对华行动，主张采取乘人之危的办法，即在英国人使中国政府就范、产生惧外心理后，乘机提出要求，迫使清政府接受。这对美国更有利。美国政府接受了这一建策，派出加尼率东印度舰队来中国。加尼于 1842 年春抵华。当时正值清政府日益显示已无力抵挡英军对浙东诸城的侵扰。加尼认为这是胁迫清政府的最佳时机。他一方面声援英军，另一方面向清政府提出赔偿美商损失 25 万美元问题。1842 年 8 月鸦片战争以中国清政府接受屈辱的《南京条约》而宣告终结。加尼径自致函两广总督祁𡎚，要求最惠国待遇："凡中国给予他国的利益，美国亦应一体均沾。"加尼的要求遭到了道光帝的拒绝。

英国发动侵华战争后，美国一些政客立即为英国的侵略政策辩护，认为这是英国政府的理性选择、正当举措。美国总统亚当斯在1841年发表演说，公然认为英国对华战争是保护英商利益的正当行为。更有美国传教士欢呼：鸦片战争"开创了我们与这个广大帝国关系的新纪元"。

中英《南京条约》签订后，美国商人和政治家立即意识到，一个可以在远东赢得巨大利益的机会到来了。1842年12月，美国总统泰勒在给国会的咨文中，建议美国派出正式代表前往中国，与中国"建立新的商务关系"。1843年5月，美国正式委派著名的政客、律师、国会外交委员会委员顾盛为专使，以当时的国务卿之子韦勃斯晓为秘书来华，美国政府在给顾盛的训令中指明，在中国新开放的口岸里，美国必须获得与英国相同的通商条件。否则，美国不能与中国和平相处。如有可能，应进京觐见清朝皇帝，面递国书。

加尼来华不久，便奉命回国。他留下要求最惠国待遇的公函虽为道光帝所拒绝，但仍在惧战和惧外的清朝高层中造成紧张。一些美商不待新口岸开放便径自北上宁波等处经商，更使惊魂未定的地方官和朝廷震动。毫无现代国际知识，但熟知古代以夷制夷策略的耆英，想打破英国垄断的局面，决定越出道光帝划定的范围，认为"法穷则变。与其谨守旧章致多棘手，莫若因势利导，一视同仁"。用今天的话说，他要把给了英国人的利益同时也给美国人。1843年秋的一天，耆英召见新任美国领事福士，向他宣布了一视同仁的对外政策。耆英原以为福士对这一政策会作出感激的反应，没想到福士宣布的一条消息却让耆英极其震惊：美国全权委员顾盛携带国书已在来华途中，准备进京觐见皇帝并谈判签订条约。耆英立即本能地作出反应：劝阻。他告诉福士：进京势必徒劳无益，还是不来为好。

1844 年 2 月 24 日，顾盛抵达澳门。27 日，他向护理两广总督、广东巡抚程矞采发出照会，通知说他此行的目的在于缔结一项条约，指明他只与钦差大臣交涉、商谈，并威胁说他"不日进京"，"面见皇帝"，还称将在未来一个月派兵舰"北上天津海口"。这一消息让程矞采感到异常震惊，于是立即派出抚夷有方的黄恩彤前往交涉。顾盛虽"词极恭顺"，但"意殊胶执"。持续一个月，交涉毫无进展。程矞采不得不向道光上奏，报告情况。

程矞采的奏报似乎让道光帝想起了刚刚平息的中英鸦片战争。自然这次他不想在事态恶化后才仓皇应对。于是他下令让一个月前才就任两江总督的耆英回任两广总督。道光帝同时作出一个重大决策：颁给两广总督以钦差大臣关防，由两广总督兼理各省海口通商文移事件；明令耆英当前的责任是阻止美国人来京。

在耆英到任前，程矞采仍主持与顾盛的交涉。5 月 30 日程矞采卸任前，与顾盛互送照会十余通。在当时特定的氛围和惧战心态下，程矞采的低姿态外交是可以想见的：他仅要求顾盛放弃北上的打算，就地谈判解决问题。但顾盛的照会却充满了恫吓，即：如果不让他往北京交涉缔约，中国人将会再次遭遇战争之祸；他们也计划在中国海岸占一岛屿，以为兵营及基地。4月 13 日，顾盛在上次照会中所说的美国军舰"布兰得湾"号驶抵中国南海，几天后强行闯过虎门，侵抵黄埔，亦鸣炮示威。这艘装备有火炮 64 门、官兵 500 多人的大"铁船"及其炮声，向广东官员施加了巨大压力。

耆英自然很明白他回任两广的使命：既阻止美国人进京，又避免爆发战争。6 月 10 日，也就是耆英回抵广州的第 10 天，他携黄恩彤等人，主动前往澳门，找顾盛谈判。17 日抵邻近澳门的望厦村。在作礼节性互访后，21 日，黄恩彤与美使团秘书威伯士德会谈。美方拿出了有 47 款内容的条约草案。

可以肯定的是耆英对美方起草的条约中的条款并未作认真推敲。他担心的是美国人在缔结条约后进京面见皇帝，以给他带来麻烦，所以他要求顾盛把放弃进京作为与美国签订条约的交换条件。在 6 月 24 日会议时，耆英干脆宣布了这一交易：若顾盛执意进京，他将中止条约谈判。本来就没有负必须进京使命的顾盛作出所谓"让步"，同意不再考虑进京面见皇帝的问题。

以后的谈判虽有起伏，但没有根本性的冲突。6 月 27 日，耆英致书顾盛，对各项约定提出了原则性意见，即：外国人来华，要遵循中国之制度。所订条约也应不悖这一制度。耆英所指"制度"自然不可能是清朝传统的邦交制度，而是新建立起的条约制度。他的本意为以夷制夷，以美制英。但他不懂得这一新制度已对民族利益造成巨大损害，让美国人"一体均沾"意味着对国家和民族权益造成更大损害。

1844年7月3日中美正式缔结条约。因条约是在澳门附近的望厦村签订的，所以这一条约又称中美《望厦条约》。该条约共有34款。它是在美国起草的47款草约基础上几易其稿而形成的。条约的内容更有利于侵略者一方，对中国主权的损害更大。美国不仅取得了英国从中英条约里所取得的各种特权，还获得了在中英条约上没有或虽有而尚未明确规定的权利。

第一，关于领事裁判权的特殊规定。《望厦条约》第二十一、二十四、二十五条三款与中英《五口通商章程》第十三款相比较，关于领事裁判权的表述更明确更具体："嗣后中国民人与合众国民人有争斗、词讼、交涉事件……合众国民人由领事等官捉拿审讯，照本国例治罪"；又"若合众国民人在中国与别国贸易之人因事争讼者，应听两造查照本国所立条约办理。中国官员均不得过问"。从此美国人在中国如有违法犯罪行为，不再受中国法律约束，中国司法主权由此遭到进一步破坏。

第二，关于破坏关税自主的规定。《望厦条约》第二款规定："倘中国日后欲将税利变更，须与合众国领事等官议定。"这是协定关税之由来，它意味着在外国参与下制定的海关税则，中国不得独自修改；要修改必须与外国侵略者协商并获得同意。从此，中国的关税自主权也被破坏无遗。《望厦条约》规定：美国商船纳钞已毕，因货未全销，改往他口转售，毋庸重征船钞；第十款规定，美国"商船进口，止起一分货物者，按其所起一分之货，输纳税饷；未起之货，均准其载往别口售卖；倘进口商船并未开舱即欲他往，限二日出口，不征税饷船钞"。这些极其具体的规定，为外国工业制品在中国推销提供了更有利的条件。

第三，关于侵略中国领海权的规定。《望厦条约》第三十二款规定，美国兵船不仅可以任意到中国各港口巡查贸易，而且各港口官员还要负责接待，以示和好之谊。第二十六款又规定："合众国贸易船只进中国五港口湾泊……中国无从统辖"。根据片面最惠国待遇条款，各国均可享有此权利，这样外国船只出入中国领海，如入无人之境，进一步侵犯了中国领海权。

第四，其他恶劣规定。《望厦条约》第十七款规定，准许美国人在五口自行建设礼拜堂。这成为后来法国要求天主教弛禁的前导。又如修约，中英《南京条约》对修约并无规定，而《望厦条约》第三十四款规定："和约一经议定，两国各宜遵守，不得轻有更改；至各口情形不一，所有贸易及海面各款恐不无稍有变通之处，应俟十二年之后，两国派员公平酌办。"这款内容为列强日后进一步勒索预先准备了借口，种下了英、法、美联合要求"修约"之祸根，成为英、法发动第二次鸦片战争的主要"理由"之一。

中美《望厦条约》为美国带来了巨大利益。对侵略者而言，它比中英条约更具操作性和适用性，不久便成了其他国家与中国订立条约的"范本"。

中法《黄埔条约》的签订

在鸦片战争前的中西贸易中，法国的对华贸易额并不大，不仅无法与英国相比，而且还不及美国的零头。中法间的关系也较中英、中美疏远。1840 年，英国不惜远涉重洋发动对华战争，引起了法国对中国事态发展的注意。1841 年，法国政府应法驻马尼拉总领事的要求，向中国派出国王特使及军舰两艘。法国政府此举的根本目的是确保其在中国乃至远东"应有"的地位。法国特使来华的具体目的则是调查远东的情势，观察英军的侵华行动及中国清政府对此的反应。

1842 年鸦片战争结束，英国从战争中获得了巨大好处的消息立即传遍了西欧。法国政府不甘落后，决定采取实质性行动派正式代表来华。1843 年 4 月 23 日，法总理兼外交部长基佐向法国国王正式呈文，要求派遣使节前往中国。当日，参政院通过了国王批准基佐呈文的敕令。很快法国指派其驻希腊公使拉萼尼为全权代表。11 月 16 日，拉萼尼在稍事准备后离开巴黎东来中国。1844 年 8 月 13 日，他抵达澳门。

拉萼尼来华后有意向惧战、惧外的清朝广东地方官员炫耀其实力。其麾下的 8 艘军舰似乎是在向清朝政府说明，法国海军力量的强大程度并不比英国逊色。拉萼尼的使团既有参赞、主事、医生、翻译等，还有各行业的代表，显示法国人此行是要有所作为的。

拉萼尼的具体任务是与清朝缔结一项与英国权利

相等的通商条约。虽然中国政府曾于上年用口头形式宣布过，通商利权一视同仁，就是说法国亦可"一体均沾"，但法国认为这一宣布应有条约或章程作保障。而两广总督耆英并无此见解。相反，他对法国派出如此强大阵容的使团大惑不解，甚至是非常不安。耆英判断，拉萼尼使团的东来，当负有其他使命，也可能有"进京觐见皇帝"的谋划。这使耆英惊恐起来。

拉萼尼抵华后的做派与顾盛完全不同。他并未立即向耆英发出照会，说明自己使华的真实意图。相反，他在澳门驻足不前，等待耆英屈驾前往。这点增加了耆英关于法国人可能北上的狐疑。耆英虽派员前往"慰问"，以刺探情报，但拉萼尼始终未给准确的信息。耆英完全如坠雾中。

拉萼尼的举动显然是在了解到耆英恐惧外国使团北上这样一个事实之后有意作出的。他在进京问题上不明确表态，为他在日后与清朝官员谈判提供了一个极有利的筹码。

耆英被迫于1844年9月26日赴澳门。在与拉萼尼作礼节性互访后，双方开始正式会谈。法方在会谈中用伪善的面目提出了侵略要求：①两国互派使节，常通消息；②将虎门割给法国，制约香港的英国人，帮助中国；③准许法国传教士前往北京"当差"，掌天文之事。由于未提觐见皇帝一事，耆英大喜过望，在并未认真琢磨的情况下，就基本同意了这些要求。此后的缔约工作是可想而知的顺利。法国人不仅在拟定的新约中融进了英、美两国从中国获取的所有特权，而

且特别塞进了自己的要求：基督教弛禁。1844 年 10 月
24 日，新约文本在文字上稍作调整后，耆英登上法国
的"阿喜默特"号战舰，与拉萼尼签署了中法《五口
通商章程：海关税则》，又称《黄埔条约》。法国由此
条约获得了希望得到的一切：片面最惠国待遇、领事
裁判权、协定关税、军舰出入口岸等，还领略了像两
年前南京江面英舰"汉华丽"号上那样的风光。

中法《黄埔条约》共 36 款。这项条约除根据"一
视同仁"原则给了法国人上述特权外，还给了他们一
些中英《南京条约》和中美《望厦条约》中没有的新
特权。如第二十二款规定：法国人在五口地方租赁房
屋行栈或租地自行建屋建行时，其"房屋问题，地段
宽广，不必议立限制"，此规定后来成了法国扩大租界
的借口。同款除给予法国人在五口建造礼拜堂及坟地
的特权之外，又规定："倘有中国人将佛兰西礼拜堂触
犯毁坏，地方官照例严拘重惩。"这就给中国强加了保
护教堂的义务。从这几点内容看，中法《黄埔条约》
实际已超出中英、中美条约的特权内容。

《黄埔条约》的签订让拉萼尼喜出望外。他根本没
有想到清政府是如此无知与无能。但他也感到有些遗
憾：没有将清政府应当解除天主教的禁令的内容写进
去。从条约画押那时起，他就盘算如何在条约之外让
清政府作出另一项承诺：弛禁天主教。

清政府是 1724 年初宣布禁止天主教令的。禁令明
文规定，不许人民信仰天主教，也不许外国人在中国
各地传教。这一纸禁令阻遏了天主教势力对中国的渗

透，对企图利用天主教"进行文化、精神侵略"的法国来说是一个不小的障碍。拉萼尼利用耆英的惧外畏战心理，于1844年10月再度提出解除教禁的问题。耆英既不敢峻拒拉萼尼的要求，也不敢公然违背上祖成规，显得游移。拉萼尼又甩出他的杀手锏，用"北上京城"威胁耆英："假如在传教问题上支吾搪塞，这没有关系。我们不是不熟悉去北京的路……到时候我们完全可以用另一种比今天更严肃的口气，同你们交涉。"耆英害怕法国人"别生枝节"，便表示同意将其要求转奏道光帝。耆英从未反对过拉萼尼的要求，但却欺蒙道光说：他与法国人"迭经往复辩论，数日之久"，"实已不遗余力"。同时，他恫吓道光，说法国"兵舰多只，航海远来"，其要求"若过为峻拒，难免不稍滋事端"。他向道光建议："可否将中外民人凡有学习天主教并不滋事为非者，概予免罪……""姑予所请"。道光帝经不起威胁，不到20天，便批准了天主教弛禁。

道光帝的批准是被迫的。他对"邪教"的"祸害"有太多的了解。他生怕天主教解禁后会像"白莲教"、"八卦教"那样与清政府对抗。因此，他虽然允了法国人所请，但不公开宣布弛禁令。1845年12月，拉萼尼以弛禁令"有名无实"为借口，要挟清政府切实执行，否则，以兵戎相见。道光帝被迫于1846年2月12日下令，不许各地官吏再行查禁天主教，违者加以处分；同时又命令各地将康熙年间所建造的天主教堂，"除改为庙宇民居者"外，其余一律发还给天主教徒。拉萼尼的侵略要求全部得到满足。

　　法国人获得的传教特权，很快为其他列强借助片面最惠国待遇取得了。列强的对华侵略，从此多了一种新方式。外国传教士此后源源不断侵入中国，外国在华的教会组织唆使教徒、教民为非作歹，欺压百姓。中国人民由此多了一层灾难。

十　鸦片战争是中国历史 发展的转折点

中华文明有自己独特的发展历程，它所具有的活力昭示人们：没有外国资本主义政治、经济与文化的侵略，它完全可以实现自主的从传统向现代的转轨。尽管这段历程会长些，时间会晚些。然而，鸦片战争的爆发，资本主义的侵入，《南京条约》等一系列不平等条约的签订，中断了中国历史发展的自然进程。中国社会从此发生了根本性的变化。中国一步步地变成了半殖民地半封建社会。

战前，中国是一个政治独立、主权完整、经济自主的封建国家。战后，中国领土主权的完整开始遭到破坏，司法行政遭到外力干预，从一个独立国家变成一个不完全独立的国家。外国资本主义凭借不平等条约的特权，向中国大量倾销商品和掠夺原料，中国逐渐成了资本主义世界的商品推销市场和原料产地，自给自足的封建自然经济在猛烈冲击下开始解体，并逐渐丧失自主地位，变成一个半殖民地半封建社会。随着资本主义的侵入，中国在战后的社会矛盾变得复杂了，除了原有的农民阶级与地主阶级的矛盾外，还增加了资本主义与中华民族的矛盾，而且后者日渐成为社会的主要矛盾。中国人民为实现国家富强，开始肩负民族独立和政治民主的双重使命。中国社会中的矛盾与斗争出现了前所未有的局面。

因此，鸦片战争成了近代中国历史的开端。

参考书目

1. 范文澜著《中国近代史》上册，人民出版社，1955。

2. 胡绳著《帝国主义与中国政治》，人民出版社，1953。

3. 中国社会科学院近代史研究所编《中国近代史稿》第1册，人民出版社，1978。

4. 丁名楠等著《帝国主义侵华史》第1卷，人民出版社，1973。

5. 杨国桢著《林则徐传》，人民出版社，1981。

6. 姚薇元著《鸦片战争》，湖北人民出版社，1983。

7. 陈胜粦著《林则徐与鸦片战争论稿》，中山大学出版社，1990。

8. 军事科学院编著《中国近代战争史》第1册，军事科学出版社，1984。

9. 茅海建著《天朝的崩溃：鸦片战争再研究》，三联书店，1995。

10. 宁靖著《鸦片战争史论文专集续编》，人民出版社，1984。

《中国史话》总目录

系列名	序号	书名	作者	
物质文明系列（10种）	1	农业科技史话	李根蟠	
	2	水利史话	郭松义	
	3	蚕桑丝绸史话	刘克祥	
	4	棉麻纺织史话	刘克祥	
	5	火器史话	王育成	
	6	造纸史话	张大伟	曹江红
	7	印刷史话	罗仲辉	
	8	矿冶史话	唐际根	
	9	医学史话	朱建平	黄 健
	10	计量史话	关增建	
物化历史系列（28种）	11	长江史话	卫家雄	华林甫
	12	黄河史话	辛德勇	
	13	运河史话	付崇兰	
	14	长城史话	叶小燕	
	15	城市史话	付崇兰	
	16	七大古都史话	李遇春	陈良伟
	17	民居建筑史话	白云翔	
	18	宫殿建筑史话	杨鸿勋	
	19	故宫史话	姜舜源	
	20	园林史话	杨鸿勋	
	21	圆明园史话	吴伯娅	
	22	石窟寺史话	常 青	
	23	古塔史话	刘祚臣	
	24	寺观史话	陈可畏	
	25	陵寝史话	刘庆柱	李毓芳
	26	敦煌史话	杨宝玉	
	27	孔庙史话	曲英杰	
	28	甲骨文史话	张利军	
	29	金文史话	杜 勇	周宝宏

系列名	序号	书名	作者	
物化历史系列（28种）	30	石器史话	李宗山	
	31	石刻史话	赵　超	
	32	古玉史话	卢兆荫	
	33	青铜器史话	曹淑芹	殷玮璋
	34	简牍史话	王子今	赵宠亮
	35	陶瓷史话	谢端琚	马文宽
	36	玻璃器史话	安家瑶	
	37	家具史话	李宗山	
	38	文房四宝史话	李雪梅	安久亮
制度、名物与史事沿革系列（20种）	39	中国早期国家史话	王　和	
	40	中华民族史话	陈琳国	陈　群
	41	官制史话	谢保成	
	42	宰相史话	刘晖春	
	43	监察史话	王　正	
	44	科举史话	李尚英	
	45	状元史话	宋元强	
	46	学校史话	樊克政	
	47	书院史话	樊克政	
	48	赋役制度史话	徐东升	
	49	军制史话	刘昭祥	王晓卫
	50	兵器史话	杨　毅	杨　泓
	51	名战史话	黄朴民	
	52	屯田史话	张印栋	
	53	商业史话	吴　慧	
	54	货币史话	刘精诚	李祖德
	55	宫廷政治史话	任士英	
	56	变法史话	王子今	
	57	和亲史话	宋　超	
	58	海疆开发史话	安　京	

系列名	序号	书名	作者
交通与交流系列（13种）	59	丝绸之路史话	孟凡人
	60	海上丝路史话	杜瑜
	61	漕运史话	江太新　苏金玉
	62	驿道史话	王子今
	63	旅行史话	黄石林
	64	航海史话	王杰　李宝民　王莉
	65	交通工具史话	郑若葵
	66	中西交流史话	张国刚
	67	满汉文化交流史话	定宜庄
	68	汉藏文化交流史话	刘忠
	69	蒙藏文化交流史话	丁守璞　杨恩洪
	70	中日文化交流史话	冯佐哲
	71	中国阿拉伯文化交流史话	宋岘
思想学术系列（21种）	72	文明起源史话	杜金鹏　焦天龙
	73	汉字史话	郭小武
	74	天文学史话	冯时
	75	地理学史话	杜瑜
	76	儒家史话	孙开泰
	77	法家史话	孙开泰
	78	兵家史话	王晓卫
	79	玄学史话	张齐明
	80	道教史话	王卡
	81	佛教史话	魏道儒
	82	中国基督教史话	王美秀
	83	民间信仰史话	侯杰
	84	训诂学史话	周信炎
	85	帛书史话	陈松长
	86	四书五经史话	黄鸿春

系列名	序号	书 名	作 者	
思想学术系列（21种）	87	史学史话	谢保成	
	88	哲学史话	谷 方	
	89	方志史话	卫家雄	
	90	考古学史话	朱乃诚	
	91	物理学史话	王 冰	
	92	地图史话	朱玲玲	
文学艺术系列（8种）	93	书法史话	朱守道	
	94	绘画史话	李福顺	
	95	诗歌史话	陶文鹏	
	96	散文史话	郑永晓	
	97	音韵史话	张惠英	
	98	戏曲史话	王卫民	
	99	小说史话	周中明	吴家荣
	100	杂技史话	崔乐泉	
社会风俗系列（13种）	101	宗族史话	冯尔康	阎爱民
	102	家庭史话	张国刚	
	103	婚姻史话	张 涛	项永琴
	104	礼俗史话	王贵民	
	105	节俗史话	韩养民	郭兴文
	106	饮食史话	王仁湘	
	107	饮茶史话	王仁湘	杨焕新
	108	饮酒史话	袁立泽	
	109	服饰史话	赵连赏	
	110	体育史话	崔乐泉	
	111	养生史话	罗时铭	
	112	收藏史话	李雪梅	
	113	丧葬史话	张捷夫	

系列名	序号	书名	作者	
近代政治史系列（28种）	114	鸦片战争史话	朱谐汉	
	115	太平天国史话	张远鹏	
	116	洋务运动史话	丁贤俊	
	117	甲午战争史话	寇伟	
	118	戊戌维新运动史话	刘悦斌	
	119	义和团史话	卞修跃	
	120	辛亥革命史话	张海鹏	邓红洲
	121	五四运动史话	常丕军	
	122	北洋政府史话	潘荣	魏又行
	123	国民政府史话	郑则民	
	124	十年内战史话	贾维	
	125	中华苏维埃史话	杨丽琼	刘强
	126	西安事变史话	李义彬	
	127	抗日战争史话	荣维木	
	128	陕甘宁边区政府史话	刘东社	刘全娥
	129	解放战争史话	朱宗震	汪朝光
	130	革命根据地史话	马洪武	王明生
	131	中国人民解放军史话	荣维木	
	132	宪政史话	徐辉琪	付建成
	133	工人运动史话	唐玉良	高爱娣
	134	农民运动史话	方之光	龚云
	135	青年运动史话	郭贵儒	
	136	妇女运动史话	刘红	刘光永
	137	土地改革史话	董志凯	陈廷煊
	138	买办史话	潘君祥	顾柏荣
	139	四大家族史话	江绍贞	
	140	汪伪政权史话	闻少华	
	141	伪满洲国史话	齐福霖	

系列名	序号	书　名	作　者
近代经济生活系列（17种）	142	人口史话	姜　涛
	143	禁烟史话	王宏斌
	144	海关史话	陈霞飞　蔡渭洲
	145	铁路史话	龚　云
	146	矿业史话	纪　辛
	147	航运史话	张后铨
	148	邮政史话	修晓波
	149	金融史话	陈争平
	150	通货膨胀史话	郑起东
	151	外债史话	陈争平
	152	商会史话	虞和平
	153	农业改进史话	章　楷
	154	民族工业发展史话	徐建生
	155	灾荒史话	刘仰东　夏明方
	156	流民史话	池子华
	157	秘密社会史话	刘才赋
	158	旗人史话	刘小萌
近代中外关系系列（13种）	159	西洋器物传入中国史话	隋元芬
	160	中外不平等条约史话	李育民
	161	开埠史话	杜　语
	162	教案史话	夏春涛
	163	中英关系史话	孙　庆
	164	中法关系史话	葛夫平
	165	中德关系史话	杜继东
	166	中日关系史话	王建朗
	167	中美关系史话	陶文钊
	168	中俄关系史话	薛衔天
	169	中苏关系史话	黄纪莲
	170	华侨史话	陈　民　任贵祥
	171	华工史话	董丛林

系列名	序号	书名	作者		
近代精神文化系列（18种）	172	政治思想史话	朱志敏		
	173	伦理道德史话	马勇		
	174	启蒙思潮史话	彭平一		
	175	三民主义史话	贺渊		
	176	社会主义思潮史话	张武	张艳国	喻承久
	177	无政府主义思潮史话	汤庭芬		
	178	教育史话	朱从兵		
	179	大学史话	金以林		
	180	留学史话	刘志强	张学继	
	181	法制史话	李力		
	182	报刊史话	李仲明		
	183	出版史话	刘俐娜		
	184	科学技术史话	姜超		
	185	翻译史话	王晓丹		
	186	美术史话	龚产兴		
	187	音乐史话	梁茂春		
	188	电影史话	孙立峰		
	189	话剧史话	梁淑安		
近代区域文化系列（11种）	190	北京史话	果鸿孝		
	191	上海史话	马学强	宋钻友	
	192	天津史话	罗澍伟		
	193	广州史话	张苹	张磊	
	194	武汉史话	皮明庥	郑自来	
	195	重庆史话	隗瀛涛	沈松平	
	196	新疆史话	王建民		
	197	西藏史话	徐志民		
	198	香港史话	刘蜀永		
	199	澳门史话	邓开颂	陆晓敏	杨仁飞
	200	台湾史话	程朝云		